Dr. Jan-Dirk Fauteck
Dr. Thomas Michael Platzer

DIE CHRONO DIÄT

Satt essen und abnehmen mit der inneren Uhr

Vielleicht stehen Sie gerade in der Buchhandlung und halten dieses Buch in der Hand oder sitzen vor dem Computer, stöbern im Online-Portal eines Buchversands und überlegen beim Blick auf den Titel erstaunt: „Chronodiät“? Wieder eine dieser Jo-Jo-Diäten, die Gewichtskorrekturen versprechen, die sich dann als so haltbar herausstellen wie eine Banane im Kühlschrank? Insulinkonzept – hab ich da etwas verschlafen? Werbewirksame Idee eines Uhrenherstellers? Oder doch ein medizinisch fundiertes Werk mit neuen Erkenntnissen einer ernst zu nehmenden Sparte der Wissenschaft, die an festgetretenen Mythen der Fachgesellschaften und dem daraus resultierenden Mainstream kratzt?

„Frühstücke wie ein König, mittags iss wie ein Edelmann und abends wie ein Bettelmann“, sagte dereinst der Volksmund, in verschiedenen Ländern, in verschiedenen Sprachen. Lagen unsere Großeltern so falsch? Heute ist es eher umgekehrt: hastiges Frühstück, gestresstes Hochgeschwindigkeitsschmausen mittags in der Kantine und abends das opulente Geschäftsessen bzw. das klassische Abendbrot in der Familie. Dazwischen entweder Kaffee, Kaffee, Kaffee (wahlweise mit Milch und Zucker) oder das „gesunde Obst“.

Chronos, der Gott der Zeit, der auch den Ablauf der Lebenszeit versinnbildlicht, hebt mahnend den Zeigefinger.

Chronobiologische Rhythmen unterliegen sowohl inneren als auch äußeren Einflüssen. Zum einen gibt es Schrittmacher innerhalb unseres Körpers. Hierbei sind vor allem bestimmte Teile des Gehirns als „master-clock“ sowie weitere Schrittmacher in der Peripherie als „slave-clocks“ zu nennen. Zum anderen wird seit Beginn der Evolution das Leben und damit auch die Chronobiologie durch exogene Zeitgeber wie beispielsweise das Licht der Sonne – in der heutigen Zeit leider auch massiv durch künstliches Licht – und Schwankungen der Umgebungstemperatur beeinflusst.

Diese doch noch relativ junge Forschungsrichtung der Chronobiologie darf nicht verwechselt werden mit der seit etwa 100 Jahren bekannten und bis heute kontrovers diskutierten Theorie des Biorhythmus.

Biologische Rhythmen gibt es einige. Sie sind zum größten Teil eigentlich jedem geläufig. Es gibt den Jahresrhythmus (circaannual), den Monatsrhythmus (circalunar), den Tagesrhythmus (circadian), den Gezeitenrhythmus (circatidal), des weiteren Rhythmen, die mehrfach an einem Tag stattfinden (Schlafzyklen, Herzschlag, Atmung), oder, etwas weniger bekannt, auch die pulsatilen Freisetzungen von Hormonen aus der Hirnanhangdrüse (Hypophyse), ein Beispiel für ultradiane (weniger als 24 Stunden umfassende) Rhythmik.

» Unser Überlebenshormon Insulin «

Vielleicht ist Ihr Interesse an diesem Buch bereits gewachsen? Die Rhythmen der Chronobiologie hinterlassen ihre Spuren auf den Veränderungen in unserem Körper im Tages- und Jahresrhythmus. Ein einfaches Beispiel: Unser Körper produziert im Verlauf eines Tages infolge der drei Hauptmahlzeiten dreimal das Überlebenshormon der Evolution, Insulin.

Provozieren wir indes durch Zwischenmahlzeiten eine häufigere Ausschüttung von Insulin aus der Bauchspeicheldrüse, so erzeugen wir eine widernatürliche Situation, die nicht nur dick, sondern auch in vielfältiger weiterer Hinsicht krank macht. Hier kontrastieren Lebensstilgewohnheiten und das, was uns schlechthin immer als das Nonplusultra weisgemacht wird, mit den tatsächlichen chronobiologischen Gegebenheiten des menschlichen Organismus. Statt also fünf- oder sechsmal am Tag eine kleine unbefriedigende Mahlzeit zu uns zu nehmen, wie es vielfach empfohlen wird, können wir uns dreimal satt essen, bleiben gesund und nehmen dabei dank der Chronodiät nicht zu.

» Dreimal satt essen und gesund bleiben! «

Biologische Rhythmen steuern auch die Freisetzung von vielen anderen Hormonen zeitlich, sodass ein gesunder Mensch beispielsweise nachts in der Regel nicht aufwacht, auch wenn er hungrig ist, sondern durchschläft, obgleich unser Körper auch in der Nacht nicht unerhebliche Mengen an Energie verbraucht.

Lernen Sie mit diesem Buch auf kurzweilige und interessante Art, wie die tageszeitlichen Zusammenhänge zwischen Schlaf und Nahrungsaufnahme darüber entscheiden, ob wir gesund und leistungsfähig überleben oder krank und schwach unserem Alltagstrott hinterherkriechen. Lassen Sie sich auf leicht verständliche Weise entführen in die Welt der Wissenschaft, die Ihnen zeigt, dass das ewige Zählen von Kalorien überflüssig ist, wenn Sie bei der Nahrungsaufnahme die Chronobiologie nicht außer Acht lassen.

Lassen Sie sich nicht vom Titel des Buches abschrecken. Diäten sind wie Urlaub: Sie gelten selten für immer. Wir vermitteln Ihnen auch keine Diät im klassischen Sinne, sondern einen gesunden Lebensstil, der lebenslang durchführbar ist. Unser Anliegen ist es, Ihnen zu zeigen, wie einfach und genussvoll gesunde Ernährung sein kann, wenn man die Erkenntnisse der Chronobiologie berücksichtigt. Viele Diäten sind dümmlich und wirken nur, weil sie aufgrund ihrer hypokalorischen Basis dem Körper Gewicht entziehen. Meist ist das Verlorene dann doch nur Wasser und Muskelmasse.

Die Chronobiologie vermittelt viele ungemein spannende Erkenntnisse. So kennen wir zum Beispiel aus der aktuellen Forschung die Zusammenhänge zwischen dem Verzehr verschiedener Makronährstoffe und ihrer Wirkung auf die tageszeitlich gepulste Freisetzung verschiedener Hormone, die Sättigung, Hunger, Wachwerden in der Nacht und vieles mehr koordinieren. Auch Entzündungsmediatoren, gängige Ursachen vieler Krankheiten, werden durch die tageszeitlich unterschiedliche Zufuhr von verschiedenen Speisen oder Speisenkombinationen mitbeeinflusst.

Für Schichtarbeiter sehr interessant sind die Erkenntnisse zum Zusammenspiel von Schlafmangel und Diabetes. Auch diese Zusammenhänge stellen einen Teil der chronobiologischen Wissenschaft dar.

Wir wünschen bei der Lektüre des Buches viel Muße und Vergnügen!

ERNÄHRUNG IST MEHR ALS NUR NAHRUNGSAUFNAHME

Ludwig Feuerbach, ein deutscher Philosoph und Anthropologe, wird gerne mit dem Spruch: „Man ist, was man isst!" zitiert. Aus dem Blickwinkel der Evolution klingt das etwas chauvinistisch. Den vielen Spezies unseres Planeten war in Urzeiten niemals ein facettenreicher kulinarischer Speiseplan vorgesetzt worden. Der Menüplan trug eher die Überschrift: „Friss oder stirb!"

Zusammenfassend lässt sich sagen, „wer nichts isst, ist nichts" oder „wer nichts isst, isst nichts." Letzteres ist dann oft aus der Not geboren. Denn: Alle Lebewesen verbrauchen Energie. Alle Lebewesen sind daher auf Energiezufuhr angewiesen. Diese geschieht über die Ernährung, die stilvoll kultiviert werden kann„ oder durch Vorgänge, wie wir sie von der Photosynthese der Pflanzen kennen.

Das Lebensprinzip allen Überlebens war im Lauf der Evolution denkbar einfach: Fressen oder gefressen werden. Damit nähern wir uns auch schon dem Begriff der Chronobiologie: Um dem Fressfeind nicht direkt auf dem Teller zu liegen, entwickelte jede Art bereits in ihrer frühesten Entstehungsgeschichte Strategien, um eine zufällige Begegnung möglichst zu vermeiden. Dafür machten sich die Lebewesen die zeitlichen Veränderungen zunutze, die die Sonne hervorruft: die Schwankungen zwischen hell und dunkel, warm und kalt. Lästige Mückenplagen gibt es nur im Sommer. Im Winter ist es den Blutsaugern schlicht zu kalt. Mit wenigen Ausnahmen fliegen Vögel nachts nicht. Deshalb bevorzugen ihre Beutetiere – Mäuse und andere Nagetiere – die Nacht als ihren aktiven Lebenszeitraum. Die Beispiele lassen sich beliebig fortsetzen. Allen gemeinsam ist hingegen ein Ziel: Auffinden und Vertilgen von Nahrung, und das zur rechten Zeit. Als einzige Spezies hat sich der Mensch jedoch im Verlauf seiner Entwicklungsgeschichte seine Kornkammern selber geschaffen. Im Zuge dieser Errungenschaften kamen weitere hinzu. Nicht jedes Mal lief das frei von Problemen ab. Die menschliche Kultur entwickelte sich, wie schon die lateinische Wortherkunft mit der Bezeichnung für „Anbau" erahnen lässt, aus der Idee, Getreidekörner zu horten und auf einem Acker gezielt auszusetzen, um Felder anzubauen. Die großzügige Verfügbarkeit von Nahrung brachte geselliges Beisammensein zum Essen mit sich. Dabei konnte man auch über neu entstehende Probleme sprechen. Schriften, Zahlen, Mathematik und Architektur entwickelten sich, aber auch erbitterte Territorialkämpfe um fruchtbares Ackerland. Friedensgespräche werden auch heute noch bei Tisch geführt. Es wird guter Wein gereicht und Gastronomen bemühen sich, Teil des Protokolls zu werden.

FAZIT

» Nahrung ist für das Überleben unabdingbar. In der heutigen Zeit ist Essen für uns Menschen jedoch deutlich mehr als nur einfache Nahrungsaufnahme.

NEUE STRATEGIEN OHNE KALORIEN-ZÄHLEN

Umfragen zufolge haben die meisten Menschen in den westlichen Industrienationen bereits eine oder mehrere Diäten hinter sich gebracht. Vor allem Frauen sind oft ausgewiesene Diätexpertinnen, kennen jeden Trick, jeden Kniff, sämtliche Namen von Neuerfindungen, die dazu verhelfen sollen, dem Körpergewichtswachstum Einhalt zu gebieten. Hochglanzillustrierte und Online-Portale leben davon, dass sie neben Schminktipps und wöchentlich neu formulierten Anleitungen zum Thema „Situps und Po-Übungen" stets neue Geheimrezepte preisgeben, wie man die perfekte Figur für Faschingsparty, Fastenzeit, Osterurlaub, Strandvergnügen, runden Geburtstag und so weiter in nur fünf Tagen, in nur zehn Tagen, in nur zwei Wochen, in einem Monat, für ein ganzes Leben erreicht.

In der ernährungsmedizinischen Sprechstunde hört man täglich dieselben Geschichten: Die meisten Menschen haben bereits eine oder auch mehrere Diäten absolviert. Sie haben viele bunte Punkte gezählt und kennen sich mit Kalorienrechnern bestens aus. Viele halten sich zumindest phasenweise an den weit verbreiteten Ratschlag, fünfmal am Tag eine Portion Obst oder Gemüse zu essen. Und nicht wenige führt der Wunsch, etwas gegen Übergewicht und damit verbundenes körperliches Unwohlbefinden zu unternehmen, in Fitnessclubs. Dort treffen sie auf Personaltrainer, die auch Ernährungsberater sind und mit wohlfeilen Worten dozieren, welchen Kraftriegel man vor und welches Proteinshake man nach dem Training verputzen sollte.

So mancher hatte auch schon beachtliche Erfolgserlebnisse: zehn, vielleicht auch 15 oder mehr Kilo Gewichtsverlust. Doch das Wunschgewicht zu halten, das hat sich als unerreichbarer Wunschtraum herausgestellt. In der Arbeit gab es unerwartet viel Stress. Die Firma ging Pleite, die Kinder kamen in die Pubertät. Die lieben Sorgen führten dazu, dass auch fürs Fitnessstudio immer weniger Zeit bleibt.

Dennoch lassen es viele sich nicht nehmen, wenigstens einmal am Tag warm zu kochen und im Kreise der Familie zu essen. Ein richtiges Abendessen, Reis oder Nudeln. Kartoffeln sind auch immer wieder dabei. Abends die Kohlenhydrate weglassen? Auch das haben viele schon probiert – aber irgendwie schmeckt es dann nicht mehr so gut.

» Zählen von Kalorien ist mittlerweile medizinische Steinzeit «

Neue Strategien gegen Übergewicht werden dringend gebraucht. Die gute Nachricht: Sie müssen nicht mehr gesucht werden, sie wurden bereits gefunden. Selbst das schnöde Zählen von Kalorien auf dem Teller ist mittlerweile medizinische Steinzeit. Heute geht es darum, endlich hormonellen und chronobiologischen Grundsätzen zu folgen und unsere Ernährung in Einklang mit der Chronobiologie zu bringen.

WAS IST DIE CHRONO-BIOLOGIE?

Der Begriff „Chronobiologie" leitet sich ab von den griechischen Wörtern „Chrónos" – Zeit – und „Biologie" – Studium des Lebens. Die Chronobiologie beschreibt biologische Rhythmen, denen endogene (d.h. in unseren Organen und Genen verankerte) Schrittmacher ebenso zugrunde liegen wie exogene (d.h. von außen auf uns einwirkende) Taktgeber. Der wichtigste exogene Taktgeber ist uns allen wohl vertraut: Das Entstehen höherer Arten, zu denen der Mensch gehört, war immer schon begleitet vom großen und unübersehbaren Zeitgeber der Natur, dem Licht der Sonne.

Wichtig für die Chronobiologie ist unter anderem, die zeitliche Organisation der Lebensvorgänge eines jeden Individuums in Bezug zu dessen persönlicher Umwelt zu sehen. Gleichzeitig untersucht sie, inwieweit sich die unterschiedlichen Rhythmen gegenseitig beeinflussen bzw. was mit ihnen passiert, wenn sich in der Umwelt etwas verändert.

DIE ERNÄHRUNG UNSERER URAHNEN

Um die Chronobiologie besser zu verstehen, blicken wir an dieser Stelle kurz auf die Entstehung der Menschheit zurück. Nach dem Stand der heutigen Forschung ist der Mensch in der Nähe des Äquators entstanden. Aus dem Bereich des heutigen Äthiopiens zog er, mutmaßlich wegen Nahrungsmittelknappheit und Expansion (d.h. Zunahme der menschlichen Bevölkerungszahlen), in etwa sieben großen Strömen in verschiedene Bereiche hauptsächlich der nördlichen, zum Teil aber auch der südlichen Hemisphäre. Der europäische Mensch fand seine ursprüngliche neue Wiege im Bereich der heutigen Toskana. Etrurien nannte man diese Region früher.

Die Aufmerksamkeit, die das Überlebenshormon Vitamin D3 in den letzten Jahren erfahren hat, zeigt beispielhaft, dass es große Unterschiede gibt zwischen einem Lebensraum, der in der Nähe des Äquators liegt, und dem Lebensraum viele Breitengrade weiter nördlich auf der Welthalbkugel. Doch nicht nur das: Wer schon einmal auf den Malediven oder anderen nahe am Äquator angesiedelten Orten seinen Urlaub verbringen konnte, der wird sich erinnern, dass ziemlich genau um Punkt 6:00 Uhr früh der Tag mit dem Sonnenaufgang beginnt, und dass die Sonne dann sehr zügig ihren Stand genau senkrecht über den Menschen zur Mittagszeit findet. Dieser gleichen Pünktlichkeit folgend sinkt die Sonne dann im Verlauf des Nachmittags sehr rasch wieder in Richtung Horizont und verschwindet genau um 18:00 Uhr wieder mit einem lauten „Zisch" im Ozean.

Man möge sich vorstellen, dass die Menschheit in Urzeiten noch nicht einmal das Feuer beherrschte. Licht in der Zeit nach 18:00 Uhr gab es nicht. Unsere Urahnen folgten damals mit Sicherheit einem anderen Lebensrhythmus. Tagsüber bemühte man sich, Nahrung aufzutreiben, nachts, wenn es dunkel wurde, konzentriert man sich auf Schlaf und die Fortpflanzung. So kann man sich vorstellen, dass die Entscheidung, länger wach zu sein und die Abendstunden für verschiedene Aktivitäten zu nutzen, zu einer Entzweiung des so genannten zirkadianen Systems von der menschlichen Biologie geführt hat. Das bezieht sich auf alle Gewebe des Körpers wie auch auf Abläufe auf zellulärer Ebene. Diese Verzerrungen sind linear mit groben Schwächungen im Stoffwechselgeschehen und in der Stoffwechselphysiologie verknüpft.

CHRONOBIOLOGIE ALS WISSENSCHAFT

Dass sich die Chronobiologie erst Mitte der 1980er Jahre als eine eigenständige, anerkannte wissenschaftliche Disziplin etablieren konnte, beruht unter anderem auch auf der Tatsache, dass erst ab diesem Zeitpunkt rhythmische Schwankungen verschiedener Parameter in unserem Körper (zum Beispiel Herzfrequenz, Blutdruck oder Körpertemperatur) während des Tages nicht mehr als pathologisch, also krankhaft, angesehen, sondern als physiologische, also natürliche, Prozesse erkannt wurden, mit denen sich der Organismus bestimmten Umgebungsveränderungen anpasst.

Fehlt diese Anpassungsfähigkeit oder kommt es zu Störungen zwischen den einzelnen Biorhythmen, ist der Organismus Stress ausgesetzt, der zwar oftmals unerkannt bleibt, aber dennoch weitreichende Konsequenzen für die Gesundheit haben kann. Als bestes Beispiel dienen hier Schichtarbeiter, die zu unterschiedlichsten Tages- und Nachtzeiten arbeiten. Diese Personengruppe leidet häufig an Diabetes, Bluthochdruck und sogar Krebs denn mit einer gedrosselten Melatoninproduktion werden auch Prozesse der Zellteilung und Zellreparatur gestört. Das erhöht das Risiko der Tumorbildung. Nachtarbeiter kämpfen konsequent gegen ihren inneren biologischen Rhythmus, was sich zusätzlich in Verdauungsproblemen, Nervosität, Reizbarkeit, Schlafstörungen, Herzkrankheiten, aber auch in reduzierten Gedächtnisleistungen niederschlägt. Bereits nach einer einzigen Nachtschicht steigt das Unfallrisiko.

RHYTHMEN BESTIMMEN UNSER LEBEN

Tägliche Veränderungen in der Umwelt, seien sie natürlicher Art oder nicht, gehen immer mit Veränderungen des inneren Milieus eines jeden Organismus einher In einigen Fällen kann sich der Organismus aber bereits im Vorfeld auf erwartete Änderungen seines Umfeldes einstellen, speziell wenn sie immer in regelmäßigen Abständen auftreten (Tag-Nacht-Rhythmus). Demzufolge geben durch körpereigene, biologische Uhren hervorgerufene biologische Rhythmen dem Organismus die Möglichkeit, sich im Vorfeld auf zu erwartende Veränderungen der Umwelt vorzubereiten, die zum Beispiel mit dem Hell-Dunkel-Wechsel einhergehen. Diesen Vorgang bezeichnet man als zeitliche Synchronisation oder Anpassung zwischen dem Organismus und seiner Umwelt, die es ihm ermöglicht, zur richtigen Zeit mit dem jeweils optimalen biologischen Prozess zu reagieren.

Der physiologische Sinn solcher biologischen Uhren besteht also zum einen in einer Synchronisation des Körpers mit der externen Umwelt, die es dem Individuum erlaubt, sich auf Tag/Nacht, Sommer/Winter, Aktivität/Erholung oder Reproduktion einzustellen. Zum anderen dienen diese inneren Uhren aber auch der inneren Synchronisation natürlicher und biochemischer Prozesse. Sowohl der Verlust der Synchronisation eines Organismus mit seiner externen Umwelt als auch der Verlust der innerer Synchronisation kann demnach zu schwerwiegenden Konsequenzen für die Gesundheit und das Wohlbefinden des Individuums führen.

In diesem Fall spricht man von einer so genannten Störung der inneren Rhythmizität oder auch „Chronodisruption“, da der Körper gegen seine inneren Uhren lebt und viele Prozesse nicht mehr synchron bzw. synergistisch ablaufen können. Basierend auf diesem vereinfachten Grundprinzip lässt sich die Chronobiologie heute in weitere Unterdisziplinen untergliedern, zum Beispiel in die Chronophysiologie – wie läuft es richtig –, die Chronopathologie – was ist gestört –, die Chronopharmakologie – wie kann ich gegebenenfalls therapeutisch eingreifen – und die Chronotoxikologie – welche Krankheiten sind die Folge.

DIE WICHTIGSTEN RHYTHMEN IN DER CHRONOBIOLOGIE

Unsere Chronobiologie wird von Rhythmen mit unterschiedlicher Länge bestimmt. Manche davon erzeugt unser Körper selber (innere Rhythmen), andere sind Umwelteinflüsse (exogene Rhythmen).

CIRCADIANE RHYTHMEN

Unter einem circadianen Rhythmus versteht man einen biologischen Rhythmus mit einer Periodendauer von ca. 24 Stunden. Klassisches Beispiel für einen solchen Rhythmus wäre der Schlaf-Wach-Rhythmus.

ULTRADIANE UND INFRADIANE RHYTHMEN

Ein ultradianer Rhythmus besitzt eine Periodendauer von weniger als 24 Stunden, ein infradianer Rhythmus eine Dauer von mehr als 24 Stunden.
Bekanntestes Beispiel für einen ultradianen Rhythmus ist das immer wiederkehrende Hungergefühl und die dadurch angeregte Nahrungsaufnahme. Infradiane Rhythmen steuern hingegen unter anderem die Sexualität und die Darmentleerung.

» Chronobiologische Rhythmen bestimmen maßgeblich unseren Alltag «

CIRCANNUALE RHYTHMEN

Circannuale Rhythmen weisen eine Periodendauer von ca. einem Jahr auf. Beispiele für diese Rhythmen sind unter anderem die Jahreszeiten Frühling, Sommer, Herbst und Winter mit ihren Auswirkungen auf die Gemütslage und/oder das Immunsystem.

ENDOGENE UND EXOGENE RHYTHMEN

Endogene Rhythmen sind all jene Rhythmen, die unser Körper selber herstellt, z.B. die Herz- oder Atemfrequenz oder das Freisetzen der Hormone. Ein exogener Rhythmus hingegen ist ein Umwelteinfluss, der von außen periodisch auf uns einwirkt, z.B. der Tag-Nacht-Wechsel oder auch die Nahrungsaufnahme. Oftmals beeinflussen exogene Rhythmen die Frequenz der endogenen. So bewirken die tiefen Temperaturen am Morgen – ein Beispiel für exogene Temperaturschwankungen –, dass wir aufwachen.

IN DIESEM KAPITEL:

› DAS GEHIRN ALS STEUERZENTRALE

Der Hypothalamus
Hormone: Botschafter im Stoffwechsel
Melatonin: Botschafter des Tag-Nacht-Rhythmus
Die Regelung von Hunger und Sättigung

› DICK DURCH FALSCHE CHRONO-RHYTHMEN

Dick durch Essen zum falschen Zeitpunkt
Dick durch gestörten Schlaf-Wach-Rhythmus

› RICHTIGE ERNÄHRUNG MIT DER CHRONODIÄT

Übergewicht ist ein schwerwiegendes Problem der heutigen Menschheit
Welcher Chronotyp sind Sie?
Welcher Stoffwechseltyp sind Sie?

» Testen Sie, welcher Chrono- und Stoffwechseltyp Sie sind! «

UNSER CHRONO-BIOLOGISCHES PROGRAMM

DAS GEHIRN ALS STEUERZENTRALE

DER HYPOTHALAMUS

Unser Gehirn ist das oberste Steuerwerk und für viele Vorgänge im Körper verantwortlich, beispielsweise Hormon- und Stoffwechselkreisläufe. Ein Kerngebiet des Gehirns ist der so genannte Nucleus suprachiasmaticus (SCN) im Vorderhirn, genauer gesagt im so genannten Hypothalamus. Unsere innere Uhr oder „master clock" ist in diesen spezialisierten Nervenzellen lokalisiert. Einer der wichtigsten exogenen Zeitgeber ist der Wechsel zwischen Tag und Nacht bzw. Licht und Dunkelheit. Dieser Rhythmus existiert seit über 4 Milliarden Jahren und hat mit dazu beigetragen, dass sich circadiane Rhythmen überhaupt erst entwickeln konnten. In Säugetieren und somit auch im Menschen entstand parallel dazu der SCN, also auch die innere Uhr.

» Jedes einzelne Lebewesen besitzt verschiedene innere Uhren «

HORMONE: BOTSCHAFTER IM STOFFWECHSEL

In allen Lebewesen, und somit auch beim Menschen, gibt es verschiedene innere Uhren, die unterschiedliche Rhythmen hervorrufen. Diese Regelkreise stehen in einem engen Zusammenhang untereinander und beeinflussen sich oftmals gegenseitig. Wichtig in diesem Zusammenhang ist die Tatsache, dass auch die Hormone, die maßgeblich an der Verwertung der aufgenommenen Nahrung mitverantwortlich sind, eine solche Rhythmik aufweisen.

Die Ausschüttung aller Hormone erfolgt zeitlich gepulst, seien es Sexualhormone zur Fortpflanzung, Stresshormone, die unter anderem auch zur Krankheitsunterdrückung dienen, oder Regelhormone zur Steuerung unseres Energiehaushaltes und somit auch zur Steuerung unseres Nahrungstriebes. Heute nennt man diesen Trieb „Essverhalten".

MELATONIN: BOTSCHAFTER DES TAG-NACHT-RHYTHMUS

Die Lichtimpulse werden von der Netzhaut des Auges aufgenommen und über spezialisierte Nervenzellen von der Retina an den SCN, also den Sitz der inneren Uhr, weitergeleitet. Der SCN wiederum ist über einen sehr komplexen Weg mit dem Pinealorgan, auch Zirbeldrüse genannt, verbunden, weshalb man diese Drüse auch als „das dritte Auge" bezeichnet. In dieser Drüse wird vor allem das Hormon der Dunkelheit, das Melatonin, gebildet. Während der Dunkelphase kommt es zur Stimulation der Melatoninproduktion mit anschließender Freisetzung. Lichtimpulse hingegen unterdrücken diese Produktion bzw. Freisetzung. Die nächtliche Freisetzung von Melatonin ist somit ein weiterer Zeitgeber, an Hand dessen die Information „Dunkelheit" an fast alle, wenn nicht sogar alle Zellen aller Organe weitergeleitet werden kann. Dabei agiert Melatonin über spezifische Rezeptoren, also spezifische Bindungsstellen, auf den Zellen. Unter anderem finden wir solche Bindungsstellen vermehrt auch im SCN. Melatonin reguliert somit sowohl die Amplitude (Schwingungsstärke) als auch die Phase dieses wichtigen inneren Zeitgebers. Daher stellt Melatonin eine Art von Feedback-Mechanismus dar, der den Sitz der inneren Uhr einerseits mit den

äußeren Impulsen abstimmt und es ihm andererseits erlaubt, weiterhin in angemessener Weise eigenständig zu schwingen. Anders gesagt: Melatonin ist ein potenter innerer Zeitgeber, der die äußere Information Tag=Licht und Nacht=Dunkelheit in ein endogenes Signal übersetzt.
Einen weiteren Regelkreis stellt der Einfluss von Melatonin auf circadiane Abläufe dar, die nur eine sehr geringe Pulsschlagartigkeit aufweisen. Auch wenn der Wirkmechanismus noch nicht genauer bekannt ist, wird vermutet, dass Melatonin hier bestimmte Gene aktivieren und deaktivieren kann, sodass nachgeschaltete Funktionen wie das Absinken der Körpertemperatur nur zu bestimmten Zeiten auftreten. Ähnliche Prozesse sind für Zeitgeber in der Leber, der Haut, der Lunge, der Niere sowie verschiedenen Hormondrüsen beschrieben worden *(siehe Abbildung 1)*. Die Freisetzung von Cortisol am Morgen oder die Insulinausschüttung werden direkt durch Melatonin gesteuert – ein Mechanismus, der oftmals über spezifische Melatoninrezeptoren gesteuert wird.

DIE REGELUNG VON HUNGER UND SÄTTIGUNG:

Unser Hunger- bzw. Sättigungsgefühl unterliegt dem Einfluss verschiedener Homone, die rhythmisch zu bestimmten Tages- bzw. Nachtzeiten ausgeschüttet werden. Darunter sind Botenstoffe, die uns eher ein Sättigungsgefühl verspüren lassen, und solche, die eher zu Hunger führen. Andere wiederum regulieren unseren Stoffwechsel und daher indirekt auch unser Gewicht. Die wichtigsten Hormone heißen Ghrelin, Leptin, Insulin und Cortisol. Cortisol erreicht morgens sein Maximum. Leptin wird in der zweiten Nachthälfte erhöht produziert, signalisiert „gefüllte Fettspeicher“ und lässt uns schlafen, statt vor Hunger aufzuwachen. Gleichzeitig signalisiert das etwa alle sechs Stunden pulsativ freigesetzte, dann erhöhte Ghrelin, dass es Zeit wird, zu essen.

Wie Hormone unser Gewicht beeinflussen

■ Antistresshormon Cortisol

Cortisol ist ein Stresshormon, das ursprünglich nur in Stresssituationen ausgeschüttet wurde (Flucht oder Angriff). Seine Aufgabe bestand in der Aktivierung von abbauenden Stoffwechselvorgängen, die dem Organismus situationsgerecht energiereiche Verbindungen verfügbar machten. Cortisol wird in der Nebennierenrinde gebildet. Die Nebennierenrinde erfährt erst durch interne Botschaften, wann sie dessen Vorstufe, das Cortison, bilden soll. Der Botenstoff, der aus dem übergeordneten Zentrum im Gehirn stammt, nennt sich ACTH, adrenocorticotropes Hormon. Dieses Hormon regt die Nebennierenrinde dazu an, Cortisol aufzubauen.
Nun hat ausgerechnet letzlich Cortisol, aber auch seine oft als Medikament verabreichte Vorstufe Cortison seine Funktion vor allem in der Regulierung des Kohlenhydrat-Haushaltes. Es fördert den Aufbau von Zucker in der Leber, es fördert den Fettstoffwechsel, indem es die fettauflösende Wirkung von Adrenalin und Noradrenalin vorantreibt. Es kann, weil es sich leider besonders gerne auch in den Bauchfettzellen anreichert, langfristig das Bauchspeicherfett vergrößern. Denn leider haben diese Fettzellen besonders viele Andockstellen für die aktive Form des Stresshormons, Cortisol. Die gesunde Tagesrythmik des Cortisols sieht so aus: Morgens haben wir besonders hohe Werte, die dann im Vormittagsverlauf langsam abfallen, zur Mittagszeit noch einmal einen leichten Anstieg verzeichnen, um im Laufe des Nachmittags, des Abends und insbesondere der Nacht auf ein relatives Tief zu sinken. Erst am nächsten Morgen verzeichnen wir plötzlich wieder einen sehr starken Anstieg unseres Cortisolspiegels. Des Weiteren spielt Cortisol eine wichtige Rolle beim Protein-Abbau.

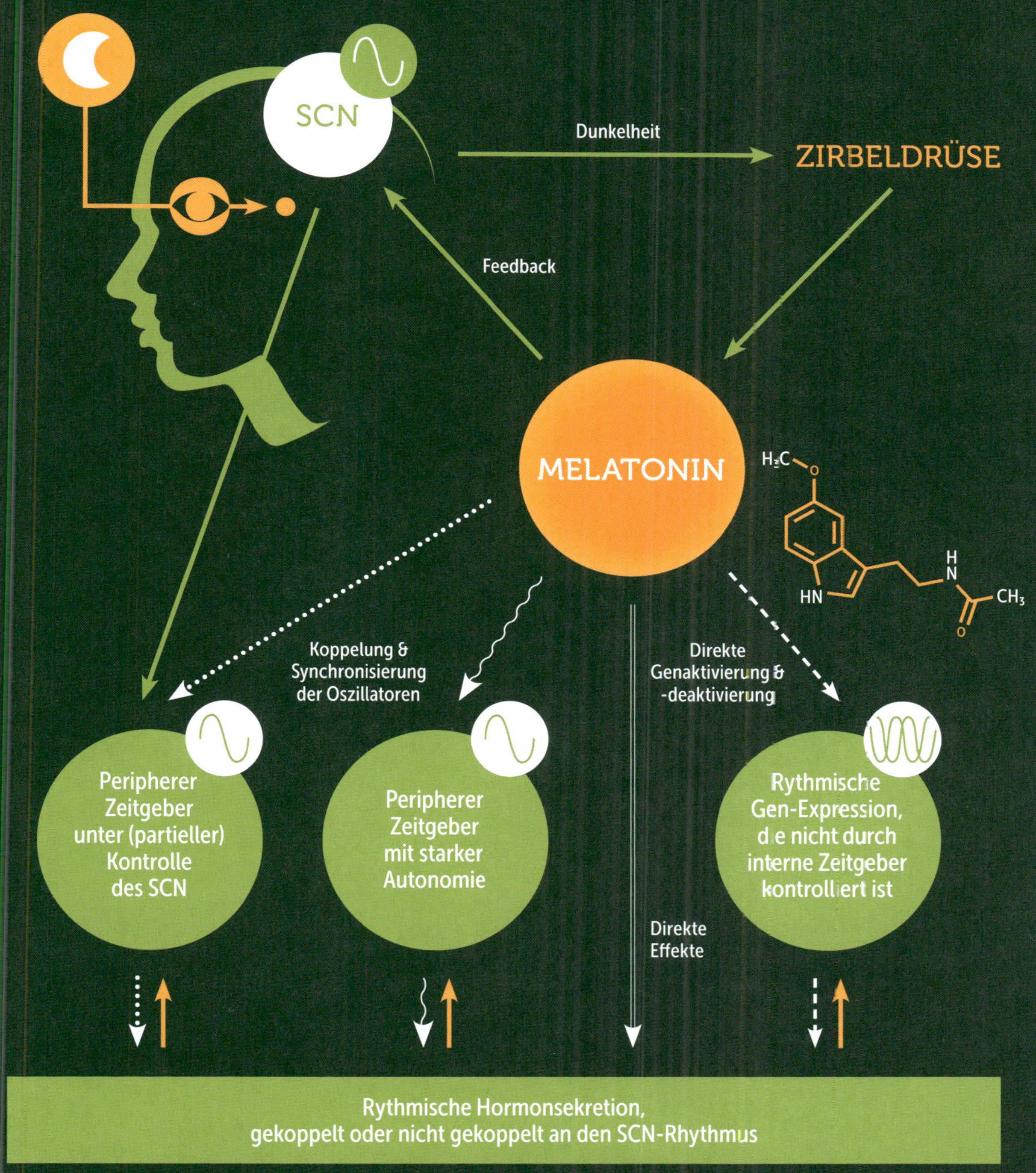

ABBILDUNG 1:
Schematische Darstellung der komplexen Verknüpfung verschiedener Zeitgeber mit besonderem Augenmerk auf den Nucleus suprachiasmaticus (SCN) und das Pinealhormon Melatonin sowie deren Auswirkung auf das endokrine System (modifiziert nach Hardeland R., J. Mol. Sci. 2013)

Diese kurze Erklärung abschließend sei noch angemerkt, warum ausgerechnet das inaktivierte Hormon aus der Paste, die der Hautarzt verschreibt, in unserem Körper in eine aktive Wirkware überführt wird: Es wirkt entzündungshemmend, wir nennen es „antiphlogistisch", und unterdrückt unser Immunsystem, also genau die entzündliche Reaktion, welche wir versuchen zu vermeiden. „Immunsuppressiva" wäre das passende Stichwort dafür. In diesem Fall handelt es sich dabei um ein körpereigenes Produkt.

Neue Erkenntnisse zeigen, dass erhöhte (in diesem Fall also falsch erhöhte) Cortisol-Werte auch bei Adipositas, Infektionen und Stress auftreten können. Eine gesteigerte Neubildung von Zucker im Körper lässt den Zuckerspiegel nach oben schießen und parallel auch den Insulinspiegel steigen. Damit haben wir durch Stress, aber auch durch Schwangerschaft oder Infektionen bereits eine erste chronobiologische Voraussetzung erkannt, die auf natürliche und kaum verhinderbare Weise Übergewicht nach sich zieht. Was viele Lehrbücher verschweigen, ist aber die Tatsache, dass durch Cortisol ausgerechnet das Wachstum auch jener Zellen gesteigert wird, die Fett speichern: der Fettzellen, genannt Adipocyten.

- Appetitanreger Ghrelin

In der Magenwand wird Ghrelin produziert, ein aus 28 Aminosäuren bestehendes Peptid. Es wird in regelmäßigen Abständen rhythmisch ausgeschüttet und sorgt dafür, dass sich Hungergefühl einstellt. Hauptursache für diesen Anstieg ist das Schwinden der Energiereserven, die wir verbrauchen. Ist der Körper nicht gestresst und auch durch sonstige Einflüsse nicht in seinem Grundrhythmus gestört, erreicht die Ghrelinausschüttung ca. alle sechs Stunden einen Höhepunkt, was dazu beiträgt, dass wir alle sechs Stunden ein starkes Hungergefühl verspüren und idealerweise Nahrung zu uns nehmen. Nach der Nahrungsaufnahme sinkt der Ghrelinspiegel wieder drastisch. Dabei kommt es auch auf die Zusammensetzung der Nahrung an, da eine proteinreiche Kost zum Beispiel eher den Spiegel zu senken vermag als eine fettreiche.

» Das Hormon Leptin reguliert Hunger und Sättigung «

- Appetitzügler Leptin

Dass wir während des nächtlichen Absinkens der Energiereserven nicht vor Hunger aufwachen, liegt maßgeblich an dem zweiten Hormon, das von großer Bedeutung in der Regulation des Hunger-Sättigungs-Gefühls ist, dem Leptin. Dieses Hormon, das vorwiegend aus den Fettzellen stammt, signalisiert dem Körper, dass genügend Energiereserven zur Verfügung stehen und unterdrückt somit den Hunger. Gleichzeitig, so neuste Erkenntnisse, scheint es auch einen direkten Effekt auf die Zuckerverwertung zu haben, indem es die Effektivität des dritten Stoffwechselhormons, des Insulins, regulieren kann. Betrachtet man die circadiane Sekretionsrhythmik, also den Rhythmus, mit dem Leptin abgegeben wird, stellt man fest, dass die höchsten Werte in der zweiten Nachthälfte, also zwischen Mitternacht und den frühen Morgenstunden, auftreten. Dies ist mit ein Hauptgrund, warum wir trotz Hunger während dieser Zeit nicht aufwachen.

Regulator Insulin

Unabhängig von Ghrelin und Leptin besitzt auch das Bauchspeicheldrüsenhormon Insulin eine tagesrhythmische Ausschüttungsweise. Unter der Bedingung, dass keine Nahrung aufgenommen wird, findet man in den frühen Morgenstunden die höchsten Insulinwerte, gefolgt von einem nicht ganz so hohen Wert nach ca. fünf bis sechs Stunden und einem dritten, noch schwächeren nach weiteren fünf bis sechs Stunden. Auch nimmt die Sensitivität, mit der die unterschiedlichen Zellen auf Insulin reagieren, im Laufe des Tages zu und ab, sodass mittags die höchste, morgens eine etwas niedrigere und abends die niedrigste Sensitivität zu verzeichnen ist.

Der arbeitende, und nur der arbeitende Muskel kann sich über spezifische Glukose-Transporter den Energielieferanten Zucker selber in die Zelle saugen, unabhängig vom Niveau des Insulinspiegels. Die Höhe des postprandialen (also nach dem Essen produzierten) und generellen Insulinspiegels indes bedingt, ob und wie viel von den verdauten Substraten in Form der Makronährstoffe Glukose und Fettsäuren in die Muskelzelle geschleust werden, und wie viel davon durch eine sich aufbauende Insulinresistenz zum Selbstschutz der Muskelzelle in die Speicherfettdepots geführt wird.

Insulinfalle

Unabhängig von dieser inneren Rhythmik ist der stärkste Reiz für eine Insulinabgabe die Nahrungsaufnahme. Werden zum Beispiel außerhalb der drei Hauptmahlzeiten Zwischenmahlzeiten eingenommen, kommt es bei jeder Mahlzeit zu einer zusätzlichen Insulinfreisetzung. Dies bewirkt zwar eine rasche Abnahme der Zuckerspiegel, doch der Zucker wird überwiegend ins Fettgewebe eingelagert und weniger für den natürlichen Stoffwechsel verwendet. Dieser Umstand ist dafür verantwortlich, dass es die Zwischenmahlzeiten sind, die zu Gewichtszunahme führen, auch wenn die Kalorienzufuhr nicht gesteigert wird. Aus chronobiologischer Betrachtungsweise spielt es überdies eine erhebliche Rolle, zu welcher Tageszeit wir als von unserer Natur aus tagaktive Lebewesen mittels der Bauchspeicheldrüse überschießend hohe Insulinspiegel produzieren. Wir verfügen zur Mittagszeit über eine höchstmögliche Toleranz, weisen jedoch morgens und zur Nacht eine relative hohe Resistenz gegenüber Insulin auf. Auch wenn dieses Prinzip bereits seit eineinhalb Jahrzehnten bekannt ist, erfuhr es im gleichen Zeitraum stets erbitterten Widerspruch durch alle, die an der Eigenkompetenz der Menschen in Sachen Gesundheitsfragen wenig interessiert sind. Die Chronobiologie bietet eine neue wissenschaftliche Komponente, die dieses Prinzip über die tageszeitliche Pulsierung und Taktung vieler weiterer Hormone, aber auch ihrer korrespondierenden Rezeptoren im Körpergewebe beschreiben kann.

FAZIT

» Die wichtigsten Hormone im Reigen der Regulierung von Hunger, Sättigung und Beeinflussung der gegenseitigen Wirkung an den Fettzellen sowie den Rezeptoren der Steuerungszentren sind Ghrelin, Leptin, Insulin und Cortisol. Dazu kommen weitere Hormone wie das Fettgewebshormon Adiponectin. Dauerhaft hohe Spiegel bei Stress machen dick, vor allem am Bauch, und krank. Frauen und Männer haben, chronobiologisch rhythmisiert, unterschiedlich hohe Ausschüttungen der Geschlechtshormone: Auch die sogenannten Genderhormone bestimmen mit, wann und wo Fettdepots aufgebaut werden.

DICK DURCH FALSCHE CHRONO-RHYTHMEN

DICK DURCH ESSEN ZUM FALSCHEN ZEITPUNKT

Es sind jedoch nicht nur die drei Mahlzeiten pro Tag, die es zu beachten gilt. Auch die Zusammensetzung der Mahlzeiten sowie die Verteilung der Kalorien innerhalb der Mahlzeiten sind von großer Bedeutung. Wird zum Beispiel der überwiegende Anteil der täglichen Kalorienmenge am Abend aufgenommen, ist eher mit einer Gewichtszunahme zu rechnen, als wenn dieselbe Kalorienmenge hauptsächlich morgens konsumiert wird. Nimmt man überwiegend Kohlenhydrate, die eine starke Insulinausschüttung auslösen, am Abend zu sich, werden auch diese Kalorien eher im Fett eingelagert als verbrannt. Außerdem wird durch das kohlenhydratreiche Abendessen sowohl die Ghrelin- als auch die Leptinausschüttung negativ beeinflusst, was einerseits zu Schlafproblemen führen kann und andererseits die Wahrscheinlichkeit nächtlicher Hungerattacken erhöht *(siehe Abbildung 2).*

DICK DURCH GESTÖRTEN SCHLAF-WACH-RHYTHMUS

Aber nicht nur die rhythmische Nahrungsaufnahme hat einen direkten Einfluss auf unseren Stoffwechsel, sondern auch andere Rhythmen, zum Beispiel der Schlaf-Wach-Rhythmus und die Melatoninsekretion. Erst seit kurzen ist bekannt, dass das Nachthormon Melatonin die Abgabe von Insulin beeinflussen kann. Über spezifische Rezeptoren auf den ß-Zellen der Bauchspeicheldrüse, also den Zellen, die Insulin freisetzen, kann Melatonin die nächtliche Freisetzung von Insulin unterdrücken. Ist die natürliche Freisetzung von Melatonin nachts gestört, zum Beispiel durch Medikamente (ß-Blocker, Schlafmittel), übermäßigen Alkoholkonsum, Stress, zunehmendes Alter und/oder nächtliches Licht, kommt es zu einer stetig vermehrten Freisetzung von Insulin während der Nacht. Dies wiederum bedeutet, dass der Blutzuckerspiegel sehr stark absinkt und es zu nächtlichen Hungerattacken kommen oder zu einer Eigenproduktion von Zucker (Gluconeogenese) durch den Abbau von Muskelprotein kommen kann. Übrigens ein Grund, warum auch Diabetiker trotz (oder eben: wegen) hoher Insulingaben am Abend morgens hohe Zuckerwerte aufweisen. Unabhängig von diesem Effekt trägt der erhöhte Insulinwert während der Nacht mit dazu bei, dass der Körper sich an das permanent präsente Insulin gewöhnt und eine Resistenz gegenüber Insulin ausbildet. Mit anderen Worten: Die Zellen erkennen das Insulinsignal nicht mehr und können daher auch nicht entsprechend reagieren. Hält diese Resistenz längere Zeit an, kann der Blutzuckerspiegel auch tagsüber nicht mehr adäquat kontrolliert werden und es kommt zum Diabetes mit all seinen Folgeerscheinungen.

Das Licht als einer der evolutionären Taktgeber der Chronobiologie ist unstrittig. Neben dem Einfluss des tageszeitlichen Wechsels sowie des Rhythmus der Jahreszeiten ist unser Schlaf auch von der Temperaturumgebung abhängig. All diesen Schemata können wir in unserer industrialisierten Welt keinesfalls mehr folgen, insbesondere seit dem breitflächigen Einzug von Thermostaten und Klimaanlagen in unsere Schlafgemächer. Und dennoch sind diese Muster enorm bedeutsam für unsere Gesundheit, für unsere Chronobiologie und – langfristig gesehen – sogar für unser Essverhalten. Mit dem Essverhalten korreliert auch das Körpergewicht.

Wie also schliefen unsere Vorfahren? Jüngste Untersuchungen bei nicht-industriell lebenden Naturvölkern in Tansania, Namibia und Bolivien zeigten große Übereinstimmung in der Organisation des Schlafes in allen drei Kulturen. Das ist

FETT-WEG-STRATEGIE

Bei nur drei Mahlzeiten täglich schwankt der Blutzuckerspiegel wenig.
Der Körper hat lange Phasen mit niedrigem Insulinspiegel, in denen Fett abgebaut werden kann.

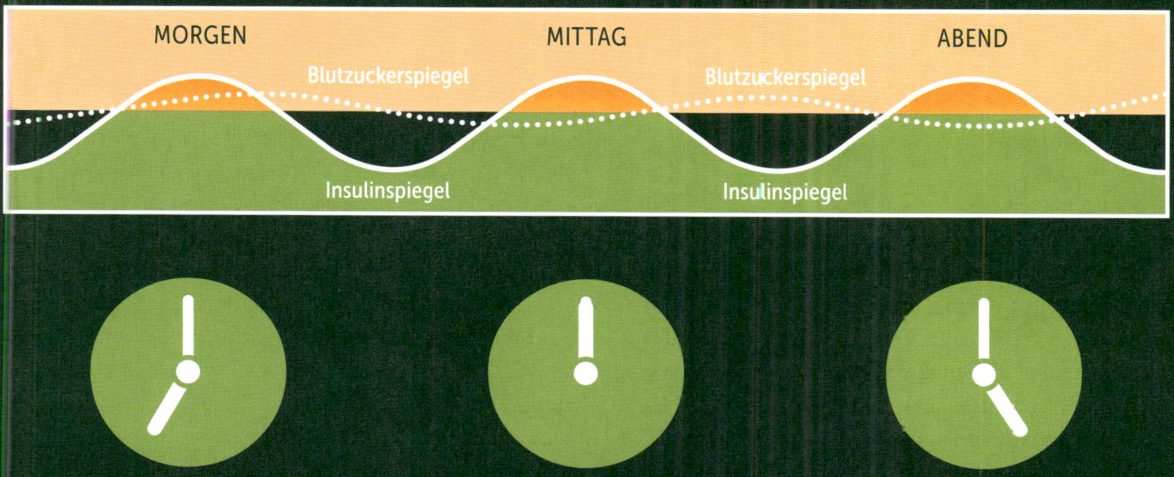

FETT-SPEICHER-FALLE

Viele kleine Mahlzeiten lassen den Blutzuckerspiegel stark schwanken.
Immer wieder wird Insulin ausgeschüttet, das Fett in die Depots bringt.

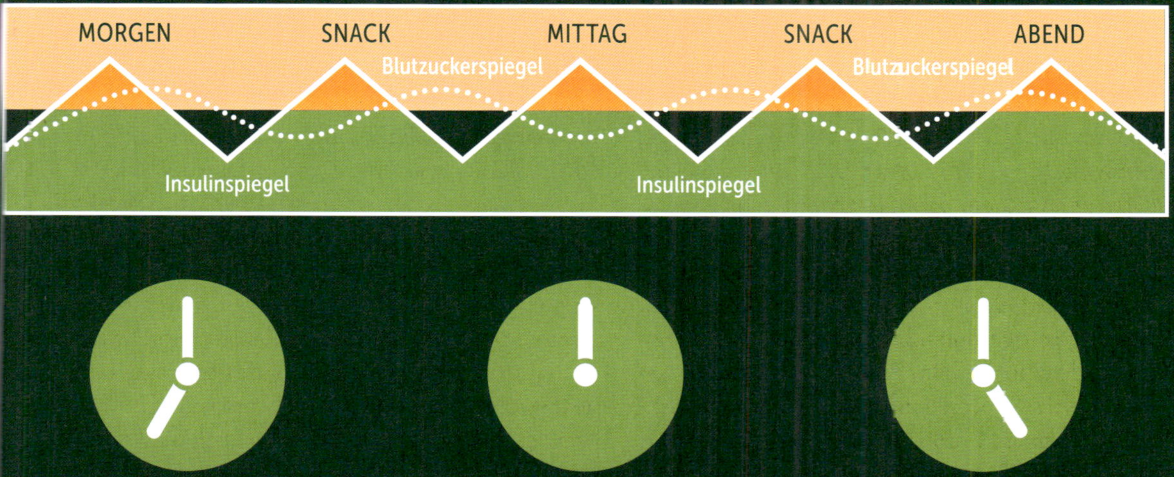

ABBILDUNG 2:
Wer häufig isst, wird schneller dick. Insulin und FOXA-2 interagieren wie eine Zwickmühle.

mit ein Beleg dafür, dass von einer im menschlichen Genom gut fixierten Rhythmik auszugehen ist. Diese Rhythmen, namentlich also die echten Erhol-Schlafphasen der Nacht, dauerten im Durchschnitt zwischen knapp sechs bis etwas mehr als sieben Stunden. Diese Phase kann man nochmals von den Gesamt-Schlafperioden unterscheiden, die eine durchschnittliche Dauer von knapp sieben bis achteinhalb Stunden aufwiesen. Das überrascht, denn diese Schlafzeiten ähneln ziemlich genau jenen des homo sapiens 2.1, also des modernen Menschen der Industrienationen.

Die Hauptschlafenszeit fand in der Nacht statt, wenn die Durchschnittstemperatur der Umgebung deutlich fiel, und hatte ihr physiologisches Ende zu jenem Zeitpunkt, wenn die Umgebungstemperatur ihren Tagestiefstpunkt erreichte. Just zu dieser Zeit ziehen sich die Gefäße des Körpers, insbesondere die Kapillaren der Peripherie, am meisten zusammen und es kommt zu einer Gefäßverengung.

Wir haben diese Temperatur-Schwankungen mit der Haustechnik wegmanipuliert, jeder Jahreszeit und jedem Wetterumsturz trotzend. Und siehe da, genau diese Schwankungen der tageszeitlichen Temperaturen im Jahresverlauf gehören zur Chronobiologie des Menschen und beeinflussen mithin auch die hormonellen Geschehnisse in unserem Körper, indem sie einen gravierenden Einfluss auf unseren Schlaf in puncto Dauer und Erholsamkeit sowie Qualität haben.

» Jahreszeiten sind wichtige Taktgeber der Chronobiologie «

Die Folgen des gestörten Bio-Rhythmus sind vielfältig: Wer häufig erst weit nach Mitternacht einschläft oder aber nicht zu den üblichen Tageszeiten erwacht, manipuliert quasi an seinem „Regelkreis-Kasten“. So kann es sein, dass das Schlafhormon Melatonin unzureichend oder erst viel zu spät in den Morgenstunden ausgeschüttet wird. Die innere Uhr tickt plötzlich anders. Die Wirkung auf andere Regelkreise, beispielsweise die Insulinpulsation, ist leicht vorstellbar. Stört der Wecker dann den Zwängen des Lebens folgend den Tiefschlaf, erleben wir Stress. Durch ein dauerhaftes Zuviel an Stress kann sogar die Produktion von Cortisol in den Nebennieren stark zurückgehen. Auch das macht krank: Infektanfälligkeit und bleierne Müdigkeit sind Beispiele der zahlreichen daraus resultierenden Beschwerden.

FAZIT

- Es wird immer deutlicher, dass die Erkenntnisse aus der Chronobiologie über die Rhythmen der Hormone mehr und mehr an Bedeutung gewinnen. Insbesondere störende Einflüsse seien sie exogener oder endogener Natur, können dieses komplexe Zusammenspiel nachhaltig verändern und den Stoffwechsel negativ beeinflussen.
- Insbesondere gilt es, exogene Störungen der circadianen Rhythmen zu vermeiden. Hier stehen an erster Front ein gesunder Schlaf und die Vermeidung all jener Faktoren, die eine Störung der Melatoninsekretion hervorrufen. Insbesondere der Einfluss von Licht während der Nacht kann durch entsprechende Maßnahmen vermindert werden.
- Gleichzeitig ist aber auch die rhythmische Nahrungsaufnahme als exogener Trigger zu beachten, da sie als äußerer Zeitgeber die inneren Uhren, die mit der Nahrungsverwertung zusammenhängen, maßgeblich beeinflusst. Drei Mahlzeiten mit einem Abstand von ca. fünf bis sechs Stunden pro Tag und einer nächtlichen Pause von ca. 12 Stunden sind empfehlenswert. Auch endogene Störungen, zum Beispiel Unterfunktionen bestimmter Hormondrüsen (Schilddrüse, Bauchspeicheldrüse etc.) müssen abgeklärt und gegebenenfalls fachmedizinisch behandelt werden, um ideale Voraussetzungen für einen natürlichen Stoffwechsel zu schaffen, der im Einklang mit dem 24-Stunden-Rhythmus eines Tages steht.

RICHTIGE ERNÄHRUNG MIT DER CHRONODIÄT

ÜBERGEWICHT IST EIN SCHWERWIEGENDES PROBLEM DER HEUTIGEN MENSCHHEIT

Übergewicht ist heute eine der größten medizinischen Herausforderungen und das nicht nur in der westlichen Welt. Mehr als 40 Millionen Europäer sind deutlich übergewichtig, Tendenz steigend. Wer jedoch meint, Übergewicht sei erst ein Problem der heutigen Zeit, der täuscht sich. Bereits in der frühen Neuzeit gab es wissenschaftliche Auseinandersetzungen zu diesem Thema.

So schrieb Hippolytus Guarinonius bereits 1610 in Ingolstadt über „Die Grewel der Verwüstung menschlichen Geschlechts" und nahm Bezug auf das Übergewicht. Die „Fleisch- und Bauchbantzen" bekommen keine Kinder, weil ihr Same „roh und unvollkommen" sei, was aber nicht schlimm sei, denn sie würden ohnehin „und noch mehr untaugliche Bauch Tremmeln" zeugen. Selbst Avicenna schrieb 1556 in Basel in seinem „Liber canonis" „Von der Schädlichkeit überflüssigen Fetts": Dicke Männer produzieren zu wenig Samen; auch dicke Frauen seien oft unfruchtbar oder erlitten Abgänge.

Im Unterschied zu heute konnte jedoch in früheren Jahrhunderten nicht jeder Bauer und jeder Bürger wie Ludwig XIV. speisen. Der Sonnenkönig aus Frankreich hat sich es besonders gut schmecken lassen. Ihm waren die Chronobiologie und damit auch die Chronodiät ziemlich einerlei. Zum einen kannte er sie nicht. Zum anderen musste gegessen werden, was auf den Tisch kam. Kühlschränke gab es keine, folglich kam viel auf seinen Tisch.

Die Geschichte des Übergewichts als großes Problem der heutigen Zeit entwickelte sich seit Beginn der Industrialisierung im 19. Jahrhundert. Maschinen ersetzten Handgriffe. Nahrung wurde verfügbarer gemacht, Preise für Grundnahrungsmittel begannen zu sinken. Tragischerweise wird seit mehr als 30 Jahren auch noch propagiert, dass Fett fett macht, womit das Thema Übergewicht zu einer Problematik der morbiden Adipositas (sehr starke Fettleibigkeit) gemacht wurde. Die Nahrungsmittelkonzerne reiben sich angesichts der steigenden Profite die Hände.

WELCHER CHRONOTYP SIND SIE?

Der Ruf von Nachtigall und Lerche

Es gibt den alten Witz, was denn der Unterschied zwischen einem Bäcker und einen Perserteppich sei. Die Auflösung ist, dass der eine aufstehen muss, während der andere liegen bleiben kann.

Die Zeiten, in denen Kinder zwingend den elterlichen Betrieb übernehmen mussten, sind längstens vorbei. Die freie Berufswahl von heute ermöglicht es auch, dass niemand mehr in die Backstube gezwungen wird, der sich zu früher Stunde dort nicht komfortabel fühlt. Gar manchem erscheint der dortige Arbeitsbeginn schlichtweg unmenschlich.

Andere wiederrum können es gar nicht erwarten, dass eine abendliche Einladung zum Essen endlich zu Ende geht, weil sie vor Müdigkeit die Augen kaum noch offen halten können. Überdies sind sie wenig unterhaltsame Gesprächspartner zur fortgeschrittenen Stunde. Währenddessen schmieden andere Teilnehmer der gleichen Tischrunde eifrig Pläne für den weiteren Fortgang des Abends.

Auch die Wissenschaft kennt die unterschiedlichen Chrono-Typen hinsichtlich der optimalen und optionalen Tagesaktivitätszeiten. In Anspielung auf das an ihren Geliebten gerichtete Zitat der ornithologisch bewanderten, nimmermüden Protagonistin aus Shakespeares „Romeo und Julia" werden jene, die spät abends noch locker durchhalten, als Nachtigall und die Frühaufsteher und somit abends schneller Müden als Lerche bezeichnet. Heute wissen wir: Zu welcher Kategorie man gehört, hängt zum einen vom Lebensalter ab. Kinder und ältere Menschen schaffen es morgens schneller aus den Federn, Adoleszente und junge Erwachsene drehen sich lieber nochmal um im Bett, bisweilen gerne auch bis zum Mittagsgeläute. Zum anderen hängt die Einteilung auch von den gesellschaftlichen bzw. beruflichen Zwängen ab. Im Weiteren sind viele Menschen tatsächlich auch gesunde Mischtypen. Sorgen Zwänge und Pflichten dafür, dass man die individuellen Wünsche bezüglich Schlafengehen und Aufstehen ignorieren muss, spricht man auch von einem sozialen Jetlag.

» Lerche und Nachtigall: Frühaufsteher oder Nachteule? «

Auswirkungen eines abweichenden Chrono-Rhythmus

Aus einer sehr aktuellen Studie weiß man, dass diese Zeitabweichungen tatsächlich auch mit Veränderungen im Stoffwechsel im negativen Sinne verquickt sind. Unabhängig von Risikofaktoren wie depressiven Episoden, Rauchen, wenig Sport oder erhöhtem Alkoholgenuss zeigen Menschen, die die Nacht zum Tag machen, höhere Ergebnisse als die Norm bei den Blutfettwerten, bei Insulin, beim Taillenumfang und beim body mass index (BMI).

Wohlgemerkt treffen diese Beobachtungen bei Studienteilnehmern zu, die ausdrücklich nicht in Nachtschichten arbeiten. Dafür betrafen sie insbesondere die jüngeren Teilnehmer der wissenschaftlichen Erhebung. Was bei Partymachern in einem kontrollierten Setting zu beobachten war, kennen wir bereits seit langen Jahren auch von Schichtarbeitern. Hier trifft es insbesondere junge Krankenschwestern, Polizisten, Bedienstete bei Bahn- und Fluggesellschaften und auch Ärzte. Die Chronobiologie prägt auch die Statistik: Nachts zwischen 2:00 und 3:00 Uhr passieren die meisten Unfälle, geschuldet einer oszillierend aufkommenden, erhöhten Müdigkeit.

Bereits geringe Verschiebungen der individuellen, chronobiologischen inneren Uhr können zu dauerhaft ernstzunehmenden gesundheitlichen Beeinträchtigungen führen. Hier gilt der alte Merkspruch: Wenn Sie nicht an drei von fünf Tagen in der Woche mit Begeisterung und Enthusiasmus zu ihrer Arbeit gehen, sollten Sie etwas ändern.

Mit dem folgenden kleinen, leicht durchführbaren Test können Sie herausfinden, zu welchem Chronotyp Sie gehören. Anschließend finden Sie einen Test, mit dessen Hilfe Sie feststellen können, welchem Stoffwechseltyp Sie angehören.

TEST WELCHER CHRONOTYP SIND SIE: NACHTIGALL, LERCHE ODER MISCHTYP?

- Morgens früh aufzustehen, macht mir überhaupt nichts aus
  A Trifft zu **B** Trifft nicht zu
- Abends gehe ich lieber zwischen 21:00 und 22:00 Uhr zu Bett
  A Trifft zu **B** Trifft nicht zu
- Vor dem Einschlafen lese ich noch mindestens eine halbe Stunde
  A Trifft zu **B** Trifft nicht zu
- Abends trinke ich gerne noch das eine oder andere Glas Bier / Wein
  A Trifft zu **B** Trifft nicht zu
- An freien Tagen schlafe ich morgens deutlich länger als sonst
  A Trifft zu **B** Trifft nicht zu
- Ich liebe es, mich abends noch mit Freunden zu treffen
  A Trifft zu **B** Trifft nicht zu
- Wenn der Haushalt nicht wäre, läge ich früher in den Federn
  A Trifft zu **B** Trifft nicht zu
- Vor 7:00 Uhr bekommt man mich auch unter der Woche niemals aus dem Bett
  A Trifft zu **B** Trifft nicht zu
- Meine Wochenenden nutze ich insbesondere, um endlich gemütlich auszuschlafen
  A Trifft zu **B** Trifft nicht zu
- Ich wache an 5 von 7 Tagen erholt auf
  A Trifft zu **B** Trifft nicht zu
- In aller Regel wache ich von selber rechtzeitig auf
  A Trifft zu **B** Trifft nicht zu
- Meine Arbeit erledige ich am Vormittag am effizientesten
  A Trifft zu **B** Trifft nicht zu
- An Silvester plane ich, wenn möglich, ein Nickerchen am Nachmittag ein
  A Trifft zu **B** Trifft nicht zu

» Das Gesamtergebnis finden Sie auf Seite 28 «

TEST WELCHER STOFFWECHSEL-TYP SIND SIE?

BETRIFFT MICH DAS THEMA ÜBERHAUPT?

- In den letzten drei Jahren habe ich an Gewicht zugenommen
  A Trifft zu **B** Trifft nicht zu
- Mein Bauchumfang, gemessen an der ungünstigsten Stelle knapp unterhalb des Nabels (Maßband parallel zum Boden), ist größer als die Hälfte meiner Körpergröße in Zentimetern
  A Trifft zu **B** Trifft nicht zu
- Einer oder mehrere der folgenden Faktoren ist bzw. sind bei mir erhöht: Blutzucker / Blutdruck / Blutfettwerte
  A Trifft zu **B** Trifft nicht zu

ZWISCHENERGEBNIS: Bei zwei Antworten mit dem gleichen Buchstaben notieren Sie sich diesen für die Gesamtauswertung. Zwei- bis dreimal Buchstabe A bedeutet: Die Erkenntnisse dieses Buches sollten Sie sehr interessieren, Sie haben erhöhte Risikofaktoren für das metabolische Syndrom.

NEURO-ENDOKRINOLOGIE

- Ich wache morgens selten erholt auf
  A Trifft zu **B** Trifft nicht zu
- Ich wache regelmäßig ein- bis zweimal pro Nacht auf
  A Trifft zu **B** Trifft nicht zu
- Immer wieder mal bin ich depressiv
  A Trifft zu **B** Trifft nicht zu
- *Für Frauen:*
  Kurz, bevor ich meine Tage bekomme, habe ich Migräne oder Symptome des prämenstruellen Syndroms
  A Trifft zu **B** Trifft nicht zu
- *Für Männer:*
  Ich muss mich nicht unbedingt täglich rasieren
  A Trifft zu **B** Trifft nicht zu

ZWISCHENERGEBNIS: Bei drei Antworten mit dem gleichen Buchstaben notieren Sie sich diesen für die Gesamtauswertung. Drei- bis viermal Buchstabe A bedeutet: mögliche neuro-endokrine Dysbalancen.

KOHLENHYDRATE ODER PROTEINE?

- Fleisch und Fisch esse ich pro Woche sehr selten
  A Trifft zu **B** Trifft nicht zu
- Ohne Brot / Nudeln / Kartoffeln / Reis könnte ich nicht leben
  A Trifft zu **B** Trifft nicht zu
- Auf Süßigkeiten kann ich nicht verzichten
  A Trifft zu **B** Trifft nicht zu
- Fruchtsäfte, auch als Schorle, trinke ich mehr und lieber als Wasser
  A Trifft zu **B** Trifft nicht zu
- Milch und Molkeprodukte mag ich gerne
  A Trifft zu **B** Trifft nicht zu
- Das Längenmaß meines Handtellers ist länger, als der längste Finger derselben Hand
  A Trifft zu **B** Trifft nicht zu

ZWISCHENERGEBNIS: Bei drei oder mehr Antworten mit dem gleichen Buchstaben notieren Sie sich diesen für die Gesamtauswertung. Drei- bis sechsmal Buchstabe A bedeutet: Möglicherweise ist Ihr Stoffwechsel sehr von Kohlenhydratkonsum geprägt.

» Das Gesamtergebnis finden Sie auf Seite 29 «

TESTAUSWERTUNG: WELCHER CHRONOTYP SIND SIE ?

Für erwachsene Menschen scheint es schlafmedizinischen Forschungen zufolge zwei Phasen des Schlafes zu geben. Zum einen zählen die ersten vier Stunden zu der so genannten Vitalschlafphase. Diese Schlafphase ist für die Regeneration und Erholung, die Verarbeitung der wichtigsten Erlebniswelt des Tages ein absolutes Muss. Alle weiteren Stunden des Schlafes bezeichnet man beim Erwachsenen dann als Optionalschlaf. Auch er dient der Gesunderhaltung des Organismus und dem Verarbeiten von Erlebnissen des Tages. Seine zeitliche Ausdehnung sowie seine Verfügbarkeit sind jedoch nicht unabdingbar. Gerade aber die Ausschöpfung dieses Optionalschlafes scheint im subjektiven Empfinden den großen Unterschied zu markieren zwischen den als Nachtigall und als Lerche bezeichneten zwei Schlaftypen.

Die in einer jüngeren Studie festgestellten Unterschiede der Stoffwechselparameter bei Nachtigall und Lerche – in dem Sinne, dass Spät-zu Bett-Geher tendenziell einen höheren BMI sowie Bauchumfang, aber auch morgens nüchtern höhere Blutfettwerte und Insulinspiegel haben – können zwei Fakten zum Hintergrund haben: Zum einen ist im Wachzustand der Energieverbrauch höher als im Schlaf. Das drückt den Zuckerspiegel und regt die Zuckerneubildung an. Zum anderen kann dies jedoch zu einer späten zusätzlichen Nahrungsaufnahme führen. Auch dann ist der Weg Richtung höhere Blutfettwerte etc. garantiert.

Hinsichtlich der Zusammensetzung der Mahlzeiten hat es keinen Einfluss, welchem Typ Sie angehören. Lediglich der Zeitpunkt, wann die entsprechenden Mahlzeiten idealerweise eingenommen werden sollten, ändert sich: Die Lerche isst etwas früher als die Eule, wobei die Pausen zwischen den Mahlzeiten gleich bleiben.

Verpasst die Lerche das im Vergleich zur Nachtigall vorgezogene Frühstück, steigt das Risiko einer die Insulinsekretion stimulierenden Variante. Und auch der Spätaufsteher, der mittags erst frühstückt, sollte für das erste Mahl des Tages bei der insulinschonenderen Frühstücksversion bleiben.

GESAMTERGEBNISS

- MEHR A-ANTWORTEN: **LERCHE**
  Mit Ihren Antworten haben Sie mehrheitlich Hinweise dafür gegeben, dass Ihr Schlaf-Typ eine überzeugende Lerche ist. Ihr Leistungshoch ist morgens bzw. am Vormittag. Sie kommen relativ leicht zu früher Stunde aus den Federn und sind abends dann rechtschaffen müde.
  Sie sind froh, wenn Sie dann schlafen gehen können, wenn Ihnen Ihre Müdigkeit es vorgibt. Sie können Ihre Schlafhygiene optimieren, indem Sie frühzeitig zu Abend essen und auch im familiären Umfeld dafür sorgen, dass ab einer relativ frühen Stunde, beispielsweise 21:00 Uhr, Friede und Ruhe einkehrt, so dass Sie Ihrem Rhythmus folgen können.

- MEHR B-ANTWORTEN: **NACHTIGALL**
  Sie haben mit Ihren Antworten mehrheitlich Hinweise dafür gegeben, dass Sie die typische Nachtigall, gerne auch Eule genannt, sind. Frühes Aufstehen ist für Sie ein Grauen. Abends könnten Sie noch einmal aufdrehen, unter der Woche brauchen Sie aber auch Ihre Zeit, um „runterzukommen", und entsprechend bald ins Bett zu gehen, um den Zwängen des Alltags mit dem frühen Aufstehen genügen zu können.
  Nachdem sich auch Ihre Nahrungsaufnahmezyklen entsprechend auf der Zeitachse des Tages nach hinten verschieben, sollten Sie insbesondere mit Ihrem Beruf und den beruflichen Verpflichtungen dafür sorgen, Ihrer Schlafhygiene ein Optimum bieten zu können. Das bedeutet konkret die Ausschöpfung des spätesten Arbeitsbeginns bei Gleitzeit und einen Beruf, bei dem Sie erst zu späterer Vormittagsstunde durchstarten müssen. Sofern möglich, ist Spätdienst mit Arbeitsbeginn am Nachmittag und Arbeitsende in den Abendstunden für Sie ein Idealfall.

- GLEICH VIELE A- UND B-ANTWORTEN (+/- 1): **MISCHTYP**
  Sie liegen mit Ihren Antworten mehr oder minder in der Mitte und haben für beide Seiten gleich viele Argumente. Offenbar gehören Sie zu der Mehrheit der Menschen, die als so genannte Mischtypen gelten. Für Sie ist es empfehlenswert, immer wieder in sich zu gehen und auf sich zu hören, um herauszufinden, in welche Richtung das Zünglein an der Waage bei Ihnen tatsächlich zeigt. Mehr Nachtigall? Mehr Lerche? Versuchen Sie nach der grundlegenden Feststellung dieser Tendenz Ihre Schlafhygiene entsprechend zu optimieren.

TESTAUSWERTUNG: WELCHER STOFFWECHSELTYP SIND SIE?

Die Menschheit betreibt erst seit wenigen tausend Jahren organisierten Ackerbau. Organisierte Lebensmittelindustrie als weltumspannende Wohlstandskrake kennen wir erst seit einigen Jahrzehnten. Die Evolution kann durchaus auf Veränderungen der Umweltfaktoren reagieren. Dafür braucht sie jedoch Zeit. Die Anpassung an quasi grenzenlos verfügbare, schnell verdauliche Kohlenhydrate konnte nicht bei allen Individuen innerhalb der vergangenen zehntausend Jahre gelingen. Neben dem neu aufgekommenen Übermaß an Kohlenhydraten blieben die Proteine und Fette gut verfügbare Nährstoffquellen, beide ebenso lebenswichtig. Wem hätte die beste Anpassung an die Zuckerflut genutzt, wenn die Ernte extremen Wetterbedingungen zum Opfer fiel oder die Äcker plötzlich Schlachtfelder und die Bauern zwangsrekrutiert wurden?

Wie bei den Blutgruppen auch durchmischten sich Karnivoren und Vegetarier, Fleischliebhaber und Salat-Obst-und-Backwarenfreunde. Als Resultat kommen verschiedene Grundtendenzen, auch in hormoneller Auskleidung und Kompetenz, heraus.

Wir kennen sie vom Büro. Zum Beispiel der Abteilungsleiter, der täglich 3 Liter Cola trinkt und dennoch gertenschlank ist. Nun gut, richtig gesund sieht er nicht aus, aber schlank ist er, im Vergleich zur Buchhalterin, die eine Packung Zwieback nur ansehen muss und morgen schon wieder ein Kilo mehr wiegt. Oder der Pförtner, der immer nach dem Mittagessen so furchtbar müde wird, dass er an der Pforte einnickt. Wohingegen die neue Kollegin nach der Kantine erst so richtig in Fahrt kommt.

Offenbar haben wir alle eine individuelle Stoffwechselgenetik in uns, die uns grundsätzlich entweder moderat oder sehr extrem auf Insulinausschüttungen reagieren lassen. Insulin macht müde, aber langfristig auch dick. Und krank. Doch nicht nur der Insulinspiegel wird je nach Stoffwechselgenetik von der Speisenkombination mal mehr und mal weniger getriggert. Die Umstellung von kohlenhydratbetonter auf fettreiche Ernährung verändert bereits nach einer Woche den täglichen Ausschüttungsrhythmus von Cortisol und beeinflusst die Aktivität einzelner Gene, die wiederum die innere Uhr und den Metabolismus steuern.

GESAMTERGEBNISS

- **ZWEI BIS DREIMAL BUCHSTABE A**

Morgens und mittags sollten Sie Mahlzeiten mit Kohlenhydraten zu sich nehmen; morgens ohne, mittags gerne auch mit Proteinbeigaben. Grundsätzlich können wir davon ausgehen, dass circa 40–50 % der täglichen Energiezufuhr über Kohlenhydrate erfolgen kann. Für die anderen beiden Makronährstoffe Fett und Protein gelten jeweils 20–30 % bzw. 25–35%.
In Ihrem konkreten Fall kann das bedeuten, dass sowohl für das Frühstück als auch für das Mittagessen Kohlenhydratanteile sinnvoll sind. Als Motto gilt: morgens Kohlenhydrate und Fett bzw. wertvolle Öle. Mit Blick auf die chronobiologischen Gegebenheiten des Insulins sollten morgens zusätzliche Eiweiße weggelassen werden, um zu hohe Insulinausschüttungen zu vermeiden.
Vom Stoffwechseltyp her sind Sie allerdings durchaus an höhere Mengen von gesunden Kohlenhydraten angepasst. Folglich darf auch Ihr Mittagessen Kohlenhydrate beinhalten. Zum Gemüse und der Eiweißkost, beispielsweise Fisch, Fleisch, Hähnchen oder Eierspeisen, dürfen Sie die sogenannten Sättigungsbeilagen, also zumeist Kartoffeln in verschiedenen Zubereitungsformen, Reis oder Knödel, genießen.
Achten Sie mittags besonders darauf, dass Sie ausreichend langsam kauen, genussvoll schmausen und dabei auch noch satt werden. Schließlich sollen Sie zum einen bis zum Abendessen ohne weitere Speisen durchhalten, zum anderen sollte Ihr Abendessen auf Kohlenhydrate verzichten. Freuen Sie sich abends also auf Gemüse, Salate, dazu gesunde Öle und eine Proteinmahlzeit, zum Beispiel aus Fisch, Fleisch, Eiern oder gereiftem Käse.

- **ZWEI BIS DREIMAL BUCHSTABE B**

Morgens sollten Sie Mahlzeiten mit Kohlenhydraten zu sich nehmen. Mittags und abends sollten Sie Proteine ohne Kohlenhydrate vorziehen.
Bei Ihnen geht es darum, zu hohe Insulinausschüttungen zu vermeiden. Auch für Ihren Stoffwechseltyp gilt grundsätzlich, dass die Energiezufuhr pro Tag zu 40–50 % aus Kohlenhydraten bestehen darf, tendenziell gilt aber eher der Wert von 40%. Das bedeutet, dass Ihr Frühstück genauso wie bei Typ A aus möglichst langkettigen, gesunden Kohlenhydraten und wertvollen Ölen bzw. Fetten bestehen sollte. Ihr Abendessen sollte, wie auch bei Typ A, Kohlenhydrate meiden. Und für Sie gilt bereits zur Mittagszeit: eher keine oder nur geringe Mengen von Kohlenhydraten. Genießen Sie mittags, ähnlich wie am Abend, frische und knackige Salate, leckeres Gemüse, wertvolle Öle und eine Proteinmahlzeit aus Fisch, Fleisch, Eiern oder gereiftem Käse.

IN DIESEM KAPITEL:

» 30 Kaubewegungen pro Bissen sind optimal «

PHYSIOLOGIE DER ERNÄHRUNG

EINFACH GUT VERDAUT

DIE ERSTEN VERDAUUNGSVORGÄNGE

Die Verdauung beginnt bereits vor dem Mund. Düfte der Speisen und Gewürze, die wir mit unseren Riechkolben in der Nase wahrnehmen, bahnen sich ihren Weg durch die entwicklungsgeschichtlich ältesten Strukturen unseres Gehirns, das limbische System. Der Luxus unserer Zeit ist, dass wir kaum noch mit verdorbenen Lebensmitteln in Kontakt kommen. Der Weg dahin war lang und steinig. In früheren Zeiten hatte der Geruchsinn eine schützende Wirkung. Er diente der Wahrnehmung auffälliger Gerüche und sollte uns in der Verknüpfung mit der Erinnerung an die üble Zeit einer Magen-Darm-Verstimmung (Gastro-Enteritis) vor einer Wiederholung derselben bewahren.

» Der Duft der Speisen ist wichtig für die Verdauung «

Fällt die Überprüfung durch den Geruchssinn hingegen positiv aus, bereiten die Eindrücke des limbischen Systems bereits den Beginn des Verdauungsprozesses vor. „Mir läuft schon das Wasser im Munde zusammen", kann man diesen wegbereitenden Vorgang treffend überschreiben. Die Nahrungsmittelindustrie macht sich das sehr geschickt zunutze. Was in den Zutatenlisten auf den Verpackungen „natürliche" und „künstliche" Aromen genannt wird, wird in Laboren hochkonzentriert hergestellt. Die intensivsten Frucht-Düfte sind unter dem Strich oft nur die Stoffwechselprodukte, also Abbauprodukte, von Bakterienstämmen.

Aromen und Düfte regen den Fluss der Verdauungssäfte an. Die Speicheldrüsen des Mundraumes bereiten sich auf die ersten Happen vor. Ihr Produkt, der Speichel, soll den Bissen schlüpfrig machen, damit er die Speiseröhre komplikationslos heruntergleiten kann. Schon diese Phase bedarf Zeit. Wir sprechen vom Kauakt. Der Bissen soll weich und gleitfähig werden, er muss im Zuge des langsamen, genussvollen Kauens aber auch in passende Portionsgrößen teilbar gemacht werden. Die Geschmacksknospen der Zunge überprüfen die Speise aus entwicklungsgeschichtlicher Fürsorge nochmals auf unangenehme Überraschungen.

UNSER GESCHMACKSEMPFINDEN

Wir können, anders als es lange Jahre gelehrt wurde, nicht vier, sondern fünf Geschmacksqualitäten auf der Zunge identifizieren: Süß, sauer, salzig und bitter waren längstens bekannt. Erst seit einigen Jahren spricht die Fachwelt zudem noch von umami, dem Fleischgeschmack. Simpel betrachtet scheint es sich hierbei um einen Glutamatrezeptor zu handeln. Die beobachtende, „empirische" Forschung wusste dies schon lange. Glutamat als „Geschmacksverstärker" fand schon lange vor der anatomisch-biochemischen Beschreibung des entsprechenden Rezeptors Eingang in viele Speisen industrieller Herkunft.

SÜSSES ODER SAURES?

Während dem Opa ein bitteres Pils oder auch ein Bitterlikör schmecken und er am Ende des Menüs die Tafel Bitterschokolade nicht verachtet, würde seinem kleinen Enkel nichts von alledem über die Zunge rutschen: „Bitter“ bedeutet Gefahr. Auch der Knollenblätterpilz schmeckt bitter. Der Volksmund behauptet sogar, das Leben sei bitter. Er sagt aber auch: „Babys sind so süß!“ Und das ist richtig. Die Zunge des Neugeborenen will vorrangig die für das Überleben wichtigen süßen Speisen herausschmecken. An den Bitterstoffen, welche der Verdauung sehr vorteilhaft zuspielen und zudem wertvolle Antioxidantien liefern, ist es noch lange nicht interessiert. Die erste Zeit des Lebens ist zuckersüß. Doch auch im späteren Leben nehmen wir mehr Süßes zu uns, als vielen von uns vielleicht bewusst ist. Kohlenhydrate sind Makronährstoffe, die der Körper unabdingbar braucht. In welcher Menge, hängt von verschiedenen individuellen Faktoren ab.

KAUEN HEISST VERDAUEN

Wenn wir uns mit der Frage beschäftigen, wie wir „korrekt“ essen, dann kommen wir unweigerlich auch bei dem oftmals schwer vernachlässigten Kauakt an. Denn beim gründlichen Kauen geht es nicht nur um Einspeicheln und Schlüpfrig-Machen sowie passgenau Portionieren, sondern auch bereits um Verdauen. Wie schon durch den Geruchssinn der Nase werden Düfte und Aromen durch den Nasen-Rachen-Raum in das limbische System getragen. Wie beim Riechen ist diese Aktion dem Genuss, aber auch der Warnung vor Verdorbenem gewidmet. Schon allein deswegen sollte man sein Essen also leidenschaftlich zerbeißen.

Kauen fördert auch den Speichelfluss aus den Drüsen des Mundraumes. Deren Sekret, der Speichel, enthält das Verdauungsenzym Amylase. Diese Amylase funktioniert wie eine Schere, die die einzelnen Komponenten der unterschiedlich langen Zuckerketten in Moleküle schneidet. Diese Spaltung findet ganz von selbst statt, wenn Sie sich ein Zuckerkristall auf der Zunge zergehen lassen. Hier ist nur ein Schnitt notwendig, um den Fruchtzucker (Fructose) vom Traubenzucker (Glukose) zu trennen. Schon spürt man die Süße. Bei einem Stück Brot müsste man bereits deutlich länger warten, bis dieser Prozess von selber auf der Zunge vonstattengeht. Doch beim Kauen durchmengt man das gebackene Getreide intensiver mit dem Speichel, mit dem Ergebnis, dass das Gebäck schon nach 15 bis 20 Kaubewegungen auf der Zunge wohlig süß schmeckt.

Kauen heißt verdauen. Nach dem Schlucken und der Passage durch den Magen stehen die Zuckermoleküle, die insbesondere im Zwölffingerdarm resorbiert werden, dem Organismus mittels Blutzuckererhöhung relativ rasch zur Verfügung.

Wir verspeisen jedoch nicht nur Kohlenhydrate allein, die wir in ihre einzelnen Kleinst-Einheiten zerspalten. Was für die moderne Babynahrung aus dem Gläschen, aber auch für die Nahrung im letzten Lebensabschnitt aus der Schnabeltasse des Pflegeheims zunächst noch oder wieder der Mixer erledigt (auch das ist ein Teil von Chronos und seinem Zyklus!), verrichten in den übrigen Lebensabschnitten unsere Zähne und der Kauakt. Schneide-, Eck-, Reiß- und Mahlzähne sind unsere vorrangigsten Werkzeuge beim Zerkleinern der Nahrung.

Selbst wenn wir Muskelproteine aus dem Fleisch wieder in unsere eigenen Muskelproteine aufbauen, müssen alle Fleischstücke zunächst in ihre elementaren Bestandteile reduziert werden. Ein Stück Steak durchwandert schließlich nicht die Darmwand, passt in kein Blutgefäß und käme niemals dort an, wo wir infolge von Training und Belastung neues Muskelwachstum brauchen.

KAUEN HEISST ABER NICHT NUR VERDAUEN

Ein weiteres Mal wird deutlich, wie wichtig das gründliche Kauen für die Verdauung und letzten Endes für unser Wohlbefinden ist. Und zwar vom Anfang bis zum Ende. Der Schutz des Organismus vor unerwünschtem Essen mit üblem Geschmack, also allem, was die Gesundheit gefährden könnte, Schutz vor Knochensplittern, Gräten und weiterem, was den Körper verletzen kann, Entzündung und Schmerz sowie andere Beschwerden nach sich zöge, Schutz vor zu schwer im Magen liegenden überdimensionierten Speisebrocken, an deren Verdauung sich der Magen sehr abmühen würde. Der Magenausgang lässt nur sehr ungern zu große Fragmente in den Zwölffingerdarm (Duodenum) passieren. Erst, wenn dies nach langem Mühen zu keinem Ergebnis führt, gelangen auch größere Stücke in das Gedärm.

HUNGRIG ODER SATT?

Eine über einen längeren Zeitraum währende, chronische Magenschleimhautentzündung (Gastritis) hat leider unter anderem auch die Kaufaulheit und das hastige In-sich-hinein-Schlingen zur Grundlage. Intensives Kauen, also etwa 30 Kaubewegungen pro Bissen, hat hingegen noch zusätzlich einen sehr positiven Effekt: Es hilft, schneller ein angenehmes Sättigungsgefühl zu empfinden. Das wiederum hilft dabei, die Essmenge auf den tatsächlichen Bedarf zu reduzieren.

Es lohnt überdies, sich anzugewöhnen, während des Kauens keine Getränke zu konsumieren. Ständiges Befüllen des Mundes mit Flüssigkeiten trägt zur Abkehr vom ordentlichen Kauen bei, der grobe Speisebrei wird einfach nur in den Magen gewaschen, der Mund ist für die nächste Portion bereit, es stellt sich kein Sättigungsgefühl ein.

Wer sich zum Essen Zeit lässt, muss sich um normales Kauen keine Sorgen machen. Man hat auch die Zeit, nach dem Schlucken genussvoll einen Schluck des die Speise begleitenden Getränkes zu genießen und kann sich mit den Mitgliedern der Tischgesellschaft in angenehmer und stressfreier Atmosphäre unterhalten.

Es ist ein Gebot der Zeit, die zur bloßen Nahrungsaufnahme verkommene Esskultur wieder zu einem in den Tagesablauf integrierten, genussvollen Erleben innerhalb des sozialen Kontextes zu erheben. Esskultur mitsamt der Besinnung auf schönes Beiwerk wie Gedecke, Kerzen, aber auch Gespräche vollendet das Mahl. Auf diese Weise werden nicht nur Leib und Seele zusammengehalten, man wird auch leichter satt im doppelten Wortsinn. Die Essmenge reduziert sich durch die sich einstellende Sättigung, und das Verlangen nach rasch nachfolgenden Zwischenmahlzeiten verschwindet. Die Folgen sind eine chronobiologisch sinnvolle Insulinanflutungskurve und eine zum tatsächlichen Bedarf passende Energieaufnahme.

FAZIT

- Gewissenhaftes Kauen mit circa 30 Kaubewegungen pro Bissen – ohne diesen mittels Getränk herunterzuwaschen – dient neben dem geschmacklichen Genuss der Speisen auch dem Erkennen von unangenehmen Aromen, die ein Hinweis auf Verdorbenes sein können. Kauen hilft beim aktiven Erkennen von Bestandteilen wie Gräten und Knochen, die die Verdauungsorgane durch Verletzung gefährden. Kauen ist eine Unabdingbarkeit zur Verdauung von Kohlenhydraten, zur Zerkleinerung anderer Makronährstoffe, die in nachgeschalteten Organen, insbesondere dem Magen, dann mit der größtmöglichen Oberfläche weiter verdaut werden.
- Wer gründlich kaut, verspürt schneller ein Gefühl des Sattseins und isst mithin deutlich weniger große Portionen und Mengen, die seinem Wohlbefinden auch wirklich dienlich sind. Langsames, genussvolles Kauen braucht Zeit. Essen wird wieder zu einem Erlebnis und löst sich aus dem Zustand einer beiläufigen Notwendigkeit. Langfristig ist das auch die richtige Strategie, um wieder zu den vollkommen ausreichenden drei Mahlzeiten am Tag zurückzufinden, Zwischensnacks zu vermeiden und besser dem Kurvenverlauf der Chronobiologie zu folgen. Letztlich hat, wer gut kaut, Zeit am Tisch für sich und sein Umfeld. Insofern spielt auch eine sozio-kulturelle Komponente mit hinein.

FETTGEWEBE ALS ENTGIFTUNGSORGAN

GIFTSTOFFE IN DER NAHRUNG

Mit Giftstoffen in der Nahrung meinen wir Süßstoffe, Konservierungsmittel, Geschmacksverstärker, Geschmacksstoffe und Farbstoffe. Aber auch Medikamentenrückstände – die Verwendung von Medikamenten, Stereoiden und anderen Geschlechtshormonen ist in der Aufzucht der Tiere, die wir verspeisen, Alltag – sowie Pestizide, Herbizide, Schwermetalle etc., die für den Anbau von Pflanzen verwendet werden.

» Unser Immunsystem neutralisiert viele Giftstoffe «

Andere Giftstoffe bringen wir selber mit, von Tabak und Alkohol bis hin zu schlechten Ölen bzw. Fetten, die für die Zubereitung verwendet werden. Zu hohe Koch- bzw. Brat-Temperaturen lassen Nahrungsmittel degenerieren, sodass wertvolle Bestandteile unserer Speisen plötzlich zu Giftstoffen werden. Beispielhaft seien hier die so genannten Acrylamide, die freien Radikale, die Transfettsäuren genannt.

NEUTRALISATION DER GIFTSTOFFE

Unser Immunsystem steht vor der Herausforderung, all diese Eindringlinge zu zerstören oder zumindest den Leberzellen zu übermitteln, die diese Giftstoffe dann neutralisieren müssen. Auch die Nieren sind von der Natur dafür vorgesehen, Giftstoffe auszuscheiden. Leider können Leber und Niere jedoch nicht alle Substanzklassen abbauen. Es gibt auch Substanzen, die fettlöslich sind. Sie entziehen sich der Eliminierung durch unsere Leber oder Nieren und landen schlussendlich im Fettgewebe.

FETTGEWEBEARTEN

- **Toxin speicherndes Fettgewebe**
- **Energie speicherndes Fettgewebe**
- **Braunes Fettgewebe** (Regulation der Körpertemperatur)
- **Hormonell gesteuerte Fettpolster** (typisch männliche bzw. typische weibliche Fettverteilungsmuster)

Wenn wir von giftstoffspeicherndem Fettgewebe sprechen, so meinen wir auch die Fetttröpfchen, die sich in unserem Entgiftungsorgan Nummer eins, der Leber, ansammeln können. Auch in dieser Hinsicht sind wir von einer gesunden Ernährung abhängig. Denn normalerweise benötigen wir für die Stoffwechselschritte der Entgiftung entsprechende Vitamine und andere Mikronährstoffe. Dazu zählen unter anderem Glutathion, Folsäure und viele andere. Aber auch Spurenelemente wie Selen und Zink spielen bei diesen Prozessen eine wesentliche Rolle.

Eine Vielzahl von Giftstoffen kann tatsächlich über den Gallenweg und den Stuhl oder über die Nieren und damit den Urin aus dem Körper eliminiert werden. Aber eben nicht alle. Der Rest der Giftstoffe kann entweder im Körper weiter flottieren und damit langfristig krank machen. In den Leberzellen können über den Stoffwechselweg der Neolipogenese aber auch sehr rasch neue Fettzellen entstehen. Letztlich ist das ein eleganter Weg der Natur, Giftstoffe schnell einzufangen und den Körper vor ihrer schädigenden Wirkung zu schützen. Unter anderem ist es auch eine Erklärung dafür, warum zum Beispiel Rauchen (das ja per se nur die Lungen mit Giftstoffen belastet) auf diese Weise auch zu Leberkrebs führen kann.

ENTSTEHUNG DES FETTGEWEBES DURCH FALSCHE ERNÄHRUNG

Wenn Speisen falsch zubereitet werden, kann es passieren, dass alle drei möglichen Makronährstoffe so denaturieren, dass sie für den Körper unbrauchbar werden. Die vorhin erwähnten so genannten Acrylamide sind beispielsweise Produkte aus zu heiß behandelten Kohlenhydraten; aus Eiweißen können durch Überhitzung Melanoidine entstehen, von den Fettsäuren sind die so genannten Transfettsäuren auch schon weitläufig bekannt. Die Zufuhr von gesteigerten Mengen an Giftstoffen führt als Konsequenz auch zu einer gesteigerten Zunahme von ebendiesen Giftstoffe abkapselnden Fettzellen. Ein Zuwachs von bis zu fünf Kilo Fettgewebe kann die Folge von gesteigerter Giftstoffzufuhr sein.

Letzten Endes liegt unsere Gesundheit auch auf unserem Teller. Die Bestandteile unseres Essens, also nicht nur die Makronährstoffe, wandern früher oder später auf die eine oder andere Weise immer in unsere Körperzellen. Dadurch wird unser Verdauungstrakt zu einem ungemein wichtigen Ort für die Entgiftung. Auf die gesamte Lebenszeit im Durchschnitt betrachtet wird unser Verdauungstrakt mit etwa 25 Tonnen Nahrungsmitteln konfrontiert. Das ist eine enorme Last. Denn mit dieser Ladung wird unser Körper auch mit einer großen Menge an Antigenen und Fremdstoffen konfrontiert.

» Vitamine und Mikronährstoffe helfen bei der Entgiftung «

Umgekehrt gilt, dass eine Gewichtsabnahme infolge von intensivem Sport von bis zu fünf Kilo oftmals nur das Wärmefettgewebe betrifft. Diese Feststellung wird auch durch mehrere neuere Studien gestützt, nach denen ein Gewichtsverlust und -erhalt allein durch Sport nicht gesichert ist. Eine gewisse Abnahme von zwei bis drei, maximal fünf, Kilo ist allein durch intensive sportliche Betätigung durchaus möglich. Ab diesem Gewichtsverlust jedoch stagniert auch der Abbau weiterer Fettzellen. Sport allein schafft es also

nicht. Nur durch Umstellungen im Ernährungszyklus und durch Beachtung des chronobiologischen Insulinprinzipes (siehe S. 79) gelingt es, auch an die Speicherfettmasse heranzukommen. Nur unter diesen Umständen wird der Körper gezwungen, auf seine Reserven zurückzugreifen, wenn ihm keine Nahrung angeboten wird. Anders ausgedrückt: Nur eine chronobiologisch ausgerichtete Ernährung schafft es, das tief im Inneren unseres Körpers angelegte Fett zu mobilisieren und zu verbrennen. Ein Effekt, der durch Sport, sei er auch noch so intensiv, nicht erreicht werden kann. Eher verlassen uns unsere Kräfte, als dass wir auf diese Speicherfette zurückgreifen. Einige sehr gute wissenschaftliche Studien konnten dies bestätigen. Hilfreich bei der Erklärung, warum dem so ist, sind Erkenntnisse der jüngeren Vergangenheit. So verbrennt der arbeitende Muskel unter aeroben Bedingungen zwar Speicherfett. Unser Gehirn und unsere Nerven, die bei der Koordination der Muskelbewegung zentral sind, brauchen jedoch Glukose.
Konzentrieren wir uns folglich nur auf den Sport und legen keinen Wert auf eine verbesserte Ernährungsstrategie, kommen wir in der Erholungsphase in eines von zwei möglichen Dilemmas: Entweder wir verzichten auf eine sinnvolle Ernährungsanpassung, dann blüht uns entweder Askese, die gefühlt ähnlich dem Verhungerungsprozess ist, oder der Jo-Jo--Effekt. Oder wir futtern nach dem Sport wieder so, wie wir es gewohnt sind oder unser Fitnesstrainer oder die Werbeindustrie es suggerieren. Dann treiben wir nach dem Sport auch wieder den Insulinspiegel auf die Spitze und legen das verbrannte Fett sofort wieder an.
Ein sinnvoller Ausweg ist, die chronobiologisch vorgegebenen Insulinausschüttungen mit unserer Speisenkombination nicht zu toppen und die biochemischen Stoffwechselwege der sogenannten Transskriptionsfaktoren aus der FOXA-Familie mit einzubinden. Wer sich für die Details dazu interessiert, wird im Internet unter dem Suchbegriff FOXA 2 fündig. Einen entsprechenden Trainingsstand vorausgesetzt, ist es wichtig, Ausdauersport mit leerem Magen zu absolvieren. In diesem Fall sorgt die FOXA-Familie für die Verbrennung auch des Speicherfettes. Allerdings kommen Sie nicht umhin, durch Kraftsport und Aufbau der Muskulatur auch in Ruhe die Fettverbrennung anzukurbeln.
Achten Sie bei Kindern und Jugendlichen darauf, dass diese gar nicht erst übergewichtig werden. In der Wachstumsphase kann es durch Übergewicht sehr leicht zu einer so genannten Hyperplasie des Fettgewebes kommen. Das Prinzip lautet: Aus eins mach zwei. Nämlich Fettzellen. Die Teilung der Fettzellen ist eine natürliche Reaktion auf eine kontinuierliche Fettmast. Einmal angelegte Fettzellen werden ein Leben lang die Tendenz aufweisen, wieder an Volumen zuzunehmen.

FAZIT

» Unabhängig vom Speicherfettgewebe kennt der Körper noch zwei weitere Fettgewebssorten, die einen nicht unerheblichen Einfluss auf unser Körpergewicht, aber auch auf unsere Körperfettmasse haben. Das ist zum einen das Giftstoffe speichernde Fettgewebe und zum anderen das so genannte Wärmefett. Aus zahlreichen Studien geht hervor, dass sportliche Betätigung ohne begleitende Ernährungsumstellung zwar einen gewissen Grad an Fettmassereduktion nach sich zieht. Es ist jedoch offensichtlich, dass diese durch den Sport abgebaute Fettmasse in erster Linie das so genannte Wärmefettgewebe ist. Erst durch die Beachtung chronobiologisch relevanter Insulinspiegel im tageszeitlichen Verlauf kann es längerfristig auch gelingen, Speicherfettgewebe wieder zu reduzieren.

IN DIESEM KAPITEL:

» Die Chronodiät steht für Lebensqualität und Esskultur statt Diätfrust «

UNSERE ERNÄHRUNG HEUTE

DIE GRUNDLAGEN: MAKRO- UND MIKRONÄHRSTOFFE

DIE WESENTLICHEN BESTANDTEILE UNSERER ERNÄHRUNG

Gesunde Ernährung ist mehr als nur Nahrungsaufnahme. Jedem ist klar, dass wir ohne Nahrung nicht überleben können. Vielen ist auch die Bedeutung von Essen als Belohnung für den Alltag bekannt. Insbesondere das Naschwerk und die Zwischenmahlzeiten dienen genau dieser Befriedigung. Das Wort „Snack" kommt vom schwedischen Wort „snaska", sinngemäß für Nasch-Samstag, dem Tag in der Woche, an dem Süßigkeiten die Regel waren.

ENERGIELIEFERANTEN MAKRONÄHRSTOFFE

- Fette liefern pro Gramm ca. 9 kcal
- Kohlenhydrate liefern pro Gramm ca. 4 kcal
- Eiweiße liefern pro Gramm ca. 4 kcal

Die Ernährung hat zwei ganz wesentliche Bedeutungen für das Leben und das Überleben der Menschen. Zum einen dient sie der Energiebereitstellung und der Energiegewinnung für lebensnotwendige Vorgänge im Körper: Der Herzmuskel muss schlagen, der Atemmuskel muss die Atmung aufrechterhalten, das Gehirn muss immer im Standby-Modus gehalten werden, die Verdauung muss arbeiten. Für all diese und viel mehr unbewusste Körpervorgänge braucht der Körper Energie.
Zum anderen dient die Nahrung auch dem Auf- und Abbau sowie dem Erhalt unseres Organismus. Zusammengefasst bezeichnen wir den Energiehaushalt, aber auch den Strukturaufbau und Strukturerhalt unseres Körpers und unserer Organe als so genannten Stoffwechsel. In diesem Wort stecken zwei Substantive: Es kommen Stoffe zum Einsatz und es ist ein steter Wechsel in unserem Organismus zu beobachten.

MAKRONÄHRSTOFFE

Wesentliche Bestandteile unserer Ernährung sind die drei Kategorien Kohlenhydrate, Fette und Eiweiße, auch Makronährstoffe oder Hauptnährstoffe genannt. Sie stellen die Grobbestandteile unserer Ernährung dar und liefern uns wichtige Energie für alle Prozesse im Körper, um Gesundheit und Leistungsfähigkeit aufrechtzuerhalten – ob Tag oder Nacht. Chronobiologisch und auf den gesamten Tag bezogen, also nicht auf die jeweiligen Mahlzeiten, ist die gängige Verteilungsempfehlung von 50–55% Kohlenhydrate, 20–25% Eiweiße und 30% Fett zu verabschieden. Neuere Erkenntnisse lassen eine Verteilung der Makronährstoffe pro Tag wie folgt als optimal erscheinen: Kohlenhydrate, bevorzugt komplexkettige, 40–50%, wobei sie abends zu meiden sind. Proteine sollten 25–35% ausmachen, Fette zwischen 25–30%, Letztere mit Betonung der mehrfach ungesättigten Omega-3-Fettsäuren und über den Verzehr von Fisch sowie pflanzlicher Öle.

MIKRONÄHRSTOFFE

Die Feinbestandteile unserer Ernährung nennen wir Mikronährstoffe. Dazu gehören Vitamine, Mineralstoffe, Elektrolyte, Spurenelemente, sekundäre Pflanzenstoffe und vieles mehr. Sie liefern zwar keine Energie, spielen aber eine erhebliche Rolle für unsere Gesundheit und unser Wohlbefinden. Ein ganz wesentlicher Bestandteil jeden Stoffwechsels stellt das Wasser dar. Ohne ausreichende Flüssigkeitszufuhr ist kein Überleben möglich. Als Faustregel gelten 35 ml pro Kilogramm Körpergewicht. Greifen Sie zu kalorienarmen Getränken wie Wasser, Mineralwasser, Kräuter- und Früchtetee ohne Zucker oder stark verdünnte Fruchtsäfte.

Ähnlich wie es für technische Geräte Schaubilder des Schaltsystems gibt, kennen Wissenschaftler auch ein großes Schaubild des gesamten humanen Stoffwechsels. Es enthält unglaublich viele Details und sieht, unter dem Strich betrachtet, auf den ersten Blick aus wie ein großer Netzplan von U- und S-Bahnen, Nah- und Fernzügen, Busverbindungen und vielen mehr. Bleibt man bildlich bei dieser Vorstellung, so leuchtet ein, dass der Ausfall einer einzigen kleinen Linie bereits zu Fahrplanverzögerungen und Ausfällen an ganz anderen Ecken und Enden im Netzplan führt. Ganz ähnlich verhält es sich mit dem menschlichen Stoffwechsel: Das Fehlen auch nur einer einzigen Substanz kann den gesamten, großen und ziemlich perfekten Plan auf den Kopf stellen. Auch wenn der Mangel noch so klein ist und obwohl der Organismus Dank der Evolution einige Redundanzen geschaffen hat, steigt die Wahrscheinlichkeit, dass Krankheiten entstehen, zumindest aber sind kleine Leiden nicht mehr ausgeschlossen.

» Viele Menschen haben ihren natürlichen Rhythmus verloren «

FAZIT

- Unsere Ernährung sichert nicht nur den Energiehaushalt, sondern auch den Auf-, Um- und Abbau in unserem Organismus. Für diesen Stoffwechsel ist die Zufuhr von Mikro- wie auch von Makronährstoffen notwendig. Die Makronährstoffe Kohlenhydrate, Proteine und Fette sind die großen Bestandteile unserer Nahrung. Die kleineren Komponenten stellen Elektrolyte, Spurenelemente, Vitamine, sekundäre Pflanzenstoffe und viele andere Stoffe dar.
- Nahrung sollte in erster Linie dem Stoffwechsel dienen, um die Substanzen für Knochen- und Muskelwachstum, den Aufbau von Hormonen, den Abbau von Nahrung selber und die Bereitstellung von Energie zu liefern, um nur einige Facetten zu nennen. Entsprechend dem seit Jahrmilliarden bestehenden Wechsel von Tag und Nacht, von Jahreszeiten und anderen Aspekten der Chronobiologie unterliegt auch die Ernährung einem chronobiologischen Rhythmus. Diese von der Evolution geschaffene Pulsation haben heutzutage viele Menschen leider verloren, weil sie dem Natürlichen einen widernatürlichen Rhythmus aufzwingen.

TREIBSTOFF KOHLENHYDRATE

Kohlenhydrate sind der Hauptbestandteil unserer Ernährung und sozusagen unser Treibstoff. Die ursprünglichste Reaktion der Energiebindung und -bereitstellung für andere Lebewesen ist die von der Sonnenenergie ausgehende Photosynthese. Ihr Produkt ist Glukose, also Zucker. Er ist der originale Energielieferant der Entwicklungsgeschichte, der auch heute noch auf gleiche Weise und natürlich immer wiederkehrend reproduziert werden kann.

Zu den Kohlenhydraten zählen nicht nur Zucker und Stärke, sondern auch die für die Verdauung wichtigen Ballaststoffe. Sie sind ein Teil der komplexen Kohlenhydrate und jene Bestandteile der pflanzlichen Nahrung, die wir mit unseren Verdauungsenzymen im Gegensatz zu anderen Lebewesen nicht (mehr) spalten können. Was haben wir also davon, sie zu essen? Sie helfen, Wasser zu binden, schließen Luft und Gase ein und wirken so Verdauungsproblemen entgegen. Sie schließen aber auch Abfallstoffe (Toxine) und Überschüssiges ein und entsorgen sie nach außen (zu hohe Cholesterinmengen beispielsweise!).

» Zucker ist unser Energielieferant «

Ihr zweiter Vorzug liegt darin, dass sie durchaus schmecken – und zwar unseren Darmbakterien. Diese sind, in Symbiose mit unserem Organismus lebend, nicht nur für die Produktion von Vitalstoffen und die Pflege unseres Immunsystems wichtig, sondern helfen auch bei der Verdauung fleißig mit. Ballaststoffe stellen sozusagen nachbarschaftliche Hilfe zu unserem eigenen Wohl dar. Kohlenhydrate unterscheidet man anhand der Anzahl der Zuckermoleküle, die aneinandergereiht sind. Diese Ketten können ganz simpel gestrickt sein, sie können aber auch, wie wir sagen, komplexkettig aneinander verhakt sein. So ergibt sich der Unterschied zwischen den so genannten Monosacchariden und den Polysacchariden.

MONOSACCHARIDE

Die Monosaccharide werden auch Einfachzucker genannt, da sie nur aus einem Zuckermolekül bestehen. Die bekanntesten sind:

- **Glukose (Traubenzucker – Obst, Süßigkeiten)**
- **Fruktose (Fruchtzucker – Obst)**
- **Galaktose (Bestandteil von Milchzucker, auch Laktose genannt)**

DISACCHARIDE

Die Disaccharide werden auch Zweifachzucker genannt, da sie aus zwei Zuckermolekülen bestehen. Die bekanntesten sind:

- **Saccharose = Glukose + Fruktose (Haushaltszucker – zum Beispiel Süßigkeiten, Müsli ...)**
- **Laktose = Glukose + Galaktose (Milchzucker – Bestandteil von Milch)**
- **Maltose = Glukose + Glukose (Malzzucker – zum Beispiel Bier)**

POLYSACCHARIDE

Die Polysaccharide werden auch Vielfachzucker genannt, da sie aus vielen Zuckermolekülen bestehen. Die bekanntesten sind:

- **Stärke (in Getreideprodukten)**
- **Glykogen (dient zur Bereitstellung des Energieträgers Glukose)**
- **Cellulose (Ballaststoff – Gemüse, Hülsenfrüchte, Obst und Vollkornprodukte)**

Der Unterschied

Wenn vorhin von komplexen Zuckerketten bzw. Kohlenhydraten die Rede war, so sind damit insbesondere Wurzeln Knollen und Gemüse im weitläufigsten Wortsinn gemeint. Anders als in den (seit eigentlich nur fünf Generationen genutzten) einfachen und doppelten Zuckermolekülen hängen bei diesen Polysaccariden die Glukosemoleküle sehr komplex verhakt aneinander. Mit etwas Zeit und Aufwand gelingt es unserem Verdauungssystem jedoch, sie als einzelne Zuckermoleküle freizusetzen und in den Blutkreislauf abzugeben.

Dies ist die für unseren Organismus gesündere Verdauung, da sie eine langsamere Bereitstellung von Zuckermolekülen und mithin auch die verlangsamte Anflutung von Zuckermolekülen im Blut bewirkt. Der Sättigungseffekt hält länger vor, unser Organismus wird dadurch besser geschont, die Zuckerspiegel im Blut können auf eine sehr bequeme Art und Weise aufrechterhalten werden.

Brauchen wir Zucker?

Wie bereits erwähnt, ist Zucker mit wenig Aufwand und sehr schnell in Energie umwandelbar. Diese Energie steht uns somit auch sehr schnell zur Verfügung. Das hilft beim Überleben. Es gibt nur einige wenige Gewebesorten in unserem Körper, deren hauptsächliche Energiequelle nur die Zuckermoleküle sind: die roten Blutkörperchen, die den Sauerstoff transportieren, die Fortpflanzungsorgane (Ovarien, Hoden), die Retinazellen im Auge, die uns scharf sehen lassen, und die Nervenzellen, sowohl in der Peripherie als auch im Gehirn. „Brain needs sugar", ist nicht nur ein von der Werbung gerne ausgeschlachteter Merkspruch für all jene, die in eine Prüfung gehen.

Werfen wir nochmals einen Blick auf die Evolution der Menschheit. Mit großer Wahrscheinlichkeit waren die hauptsächlichen Nahrungsbestandteile unsere Vorfahren die Eiweiße, auch Proteine genannt. Überleben und Fortpflanzung wurden dank der Proteine und komplexer Kohlenhydrate gesichert. Denn ganz ohne Zucker geht es nicht, Zucker war ein wichtiger Bestandteil der Physiologie in der Evolution. Für eine schnelle Reaktion und damit einhergehend natürlich auch eine schnelle Bereitstellung von Energie, mussten Moleküle vorhanden sein, die unter anaeroben Bedingungen, d.h. kurzzeitig ohne Atemsauerstoff, verstoffwechselt werden können. Denn die größte Bedrohung damals war der Fressfeind!

Blitzschnelle Reaktionen, also Flucht oder Angriff, waren erforderlich. Die Augen mussten scharf sehen, das Herz pumpte schneller und beförderte mehr rote Blutkörperchen mit Sauerstoff in die kleinsten Kapillaren, um die Muskeln damit zu versorgen. In jedem Fall mussten die Muskeln sehr schnell maximale Arbeit leisten. Dies ist zwar ein ungünstiger Stoffwechselweg, bei welchem überdies Laktat entsteht, aber in der größten Not war auch das in Ordnung. Hatte man sich dann in Sicherheit gebracht, konnte die Energiegewinnung wieder auf die Ausnutzung von Sauerstoff aus der Atmung umschalten, den so genannten aeroben Stoffwechselweg. In diesem Modus kann man sogar Fett zu Energie verbrennen.

Damit stets ausreichend Zucker im Blut zur Verfügung steht, um das Überleben zu sichern, gibt es ein sehr fein abgestimmtes System, das den Blutzuckerspiegel innerhalb eines sehr begrenzten Bereiches sichert. Auch dieser Teil der Physiologie gehört zum so genannten Zuckerstoffwechsel.

Glukose – der Energiebooster

Glukose ist gleichbedeutend mit Zucker bzw. Traubenzucker. Sie ist bis zum heutigen Tage für die meisten Lebewesen die wichtigste Energiequelle.

Glukose ist ein einfaches Molekül aus sechs Kohlenstoffatomen, die mit sechs Sauerstoffatomen und insgesamt zwölf Wasserstoffatomen zu einem Ring verbunden sind. Dieses einfache Molekül erreicht ohne große Umstände die Darmschleimhaut. Von dort gelangt es über den Blutkreislauf problemlos in jede Zelle.

Aus Fett wird schwer Zucker, das ist leider eine der wenigen und misslichen Einbahnstraßen in unserem Stoffwechsel. In den Kraftwerken der Zelle, die wir Mitochondrien nennen, läuft die chemische Aktion genau umgekehrt wie im grünen Blatt bei der Photosynthese. Wir brauchen Sauerstoff für diese Reaktion, den wir mit der Atemluft inhalieren, und eben diesen kleinen Glukosering. Und schon haben wir eine Reaktion am Laufen und können die Energie freisetzen. Unser Organismus hat sogar ein System für einen kurzfristigen Energieträger, ATP genannt. Um zusätzliches Fett loszuwerden, atmen wir pro Zehn-Kilo-Paket Fett 29 kg Sauerstoff ein; durch oxidative Prozesse entstehen daraus 28 kg Kohlendioxid (also 8,4 kg pro 10 kg Fett, die wir abatmen) und 11 kg Wasser.

» Unsere Leber kann ohne Zucker nicht arbeiten «

Wie die Glukose in die Zelle gelangt

Ohne allzu detailliert auf die Physiologie des menschlichen Organismus einzugehen, sei an dieser Stelle erwähnt, dass der Zucker mittels eines Transportmechanismus von den Membranen, also den Außenhüllen der Zellen, in das Innere gelangt und dort insbesondere in das Zellwasser, das einen großen Teil der Zelle ausmacht, sowie in die Kraftwerke der Zelle, die Mitochondrien genannt werden. Für diesen Transport werden „Glukosetransporter" benötigt, von denen es mindestens fünf verschiedene gibt.

Manche dieser Transporter brauchen noch ein zweites Hilfsmittel, um Glukose von der Zellmembran in das Innere der Zelle zu transportieren: Insulin. Die oben angesprochenen überlebenswichtigen Gewebearten wie Retinazellen und rote Blutkörperchen verfügen beispielsweise reichlich über insulinunabhängige Glukosetransporter, die ohne den Einfluss von Insulin Zucker direkt in die Zellen transportieren. Sportmuffeln sei an dieser Stelle noch mitgeteilt, dass auch der arbeitende Muskel Zucker ohne Hilfe von Insulin direkt in das Innere von Muskelzellen transportieren kann: ein klares Plädoyer für Bewegung, ohne dass hier von exzessivem Sport die Rede sein muss. Vielmehr sind die berühmten 10.000 Schritte, der viel gerühmte Treppenweg nach oben anstelle von Aufzug und Rolltreppe, gemeint. Auch unsere Leber kann ohne Zucker nicht arbeiten: Die Abspaltung von Fetten bei der Lipolyse, der Fettverbrennung, erfolgt ebenfalls mit Hilfe von Zucker.

Kohlenhydrate in der Chronobiologie

Es gibt bis dato in der Literatur nur wenige glaubwürdige Angaben zum Stellenwert der Kohlenhydrate in der Chronobiologie und wie viel man von ihnen verzehren sollte. Unstrittig ist, dass die Glukosezufuhr für den Energiehaushalt des gesunden Organismus wichtig ist und etwa 40–50% der Tagesenergiemenge ausmachen sollte. Alles was darüber hinausgeht, wurde mittlerweile auch von den Verfechtern der antiquarischen 60%-Regel in Abrede gestellt.

Besonders wichtig ist, Kohlenhydrate am Abend zu meiden, unabhängig davon, welcher Stoffwechsel-Typ Sie in unserem Test sind und unabhängig von Ihrem Chronotypus. Wenn Sie also von der einfachen Formel „Grundumsatz der Tagesenergie" entspricht „24 x Körpergewicht in Kilogramm" ausgehen, müssen Sie dieses Produkt der Multiplikation (= x) nur durch zwei teilen (x/2) und Sie sind bei der maximalen Kilokalorienzahl Ihrer Tageszufuhr durch Kohlenhydrate. Dieses Ergebnis teilen Sie durch vier und schon haben Sie jene Grammangabe, die Sie für das Frühstück, gegebenenfalls einschließlich Mittagessen, als Brot, Nudel, Reis, besser jedoch Haferkleie oder Haferflocken auf den Teller bringen sollten.

Die Top-Kohlenhydratlieferanten wie Amaranth, Bulgur, Couscous, Weizenkleie, Dinkelflocken, Hirse und Hafer finden leider viel zu selten Eingang in die Küche. In der Frühstücksgastronomie werden sie, wenn überhaupt, fast ausschließlich mit die Insulinausschüttung anregender Milch oder spröde und fettfrei (statt mit wertvollen Ölen) angeboten. Ein gutes Argument für eine Wiederkehr an den heimischen Frühstückstisch!

Das Problem des übermäßigen Zuckerkonsums

Insgesamt ist der Einsatz von Zucker evolutionär betrachtet eine großartige Erfindung. Zucker sichert nicht nur das Überleben in jenen Phasen, in denen das Überleben der Art Mensch als solche besonders wichtig ist (kurz nach der Geburt, in der Reproduktionsphase, die wir heute Pubertät nennen, in der Schwangerschaft), sondern auch in Notsituationen, in denen das Individuum von Feinden bedroht wurde und entweder zur Flucht oder zum Angriff bereit sein musste.
Noch bis vor fünf Generationen war Zucker eine Substanz, die zu Apothekenpreisen gehandelt wurde. Innerhalb der letzten 100 Jahre stieg der Verbrauch von Zucker um das mehr als Fünffache. Diese Tatsache sollte uns zu denken geben. Wichtig ist, in diesem Kontext anzumerken, dass nicht nur der hohe Konsum von Saccharose zu Krankheiten führen kann. Grundsätzlich spielt auch Fruchtzucker eine entscheidende Rolle bei der Entstehung von Übergewicht, wenn auch eher über den Weg der Leberzellverfettung als über eine Insulinsteigerung. Das heißt: Man kann sich auch durch übereifrigen Obstverzehr zum Diabetiker futtern.
Wenn wir im Herbst einen Igel dabei beobachten, wie er überreifes, extrem süßes Fallobst dafür nutzt, rasch Fettreserven aufzubauen, um den Winterschlaf zu überleben, dann erkennen wir, dass Zucker in den seltenen Zeiten, in denen er von Natur aus zur Verfügung steht, einen wertvollen Zweck im Sinne der Entwicklungsgeschichte hat.

In unserer Zeit begegnen wir dem Zucker meist in der Auslage beim Bäcker, also in allen Produkten, die aus Weißmehl produziert werden, einschließlich Pizza, Pasta und Gebäck. Zucker zu raffinieren ist heute keine Kunst, sondern eine weltumspannende Industrie. Damit verspricht Zucker für die Nahrungsmittelindustrie nicht nur das schnelle Geld, sondern auch für die Ernährung der Weltbevölkerung einen relativ einfach zu erreichenden Kompromiss. Mais und Getreide wachsen sehr schnell nach. Um große Flächen zur Verfügung zu stellen, werden leider auch große Areale von Regenwäldern gerodet. Der heute sehr billig zu gewinnende Rohstoff Zucker bildet überdies die Grundlage vieler weiterer Produkte der wenigen großen Nahrungsmittelindustrie-Konzerne, die sich den Weltmarkt aufteilen.
Vor dem Hintergrund der Evolution und der Tatsache, dass auf unserem Planeten auch heute noch viele Menschen verhungern, mag die Menge an Werbung für Lebensmittel skurril erscheinen, mit der wir täglich konfrontiert werden. Fast jede Bewerbung von Nahrungsmitteln verherrlicht den übermäßigen Konsum von Zucker. Für die Konsumenten und Bewohner der industrialisierten Länder dieses Planeten bedeutet Zucker jedoch kaum noch einen positiven Effekt für das Überleben, sondern vielmehr eine Droge mit großem Potenzial zur Vernichtung unserer Gesundheit.

FAZIT

» Zucker ist in der Evolution ein einmaliges Produkt der Photosynthese, er ist das Nonplusultra der entwicklungsgeschichtlichen Ur-Energieproduktion – gespeist vom Licht der Sonne. Es ist nur einen Wimpernschlag in der Evolution her, da war er rar. Doch heute beherrschen wir seine (vermaledeite) industrielle Fertigung, sei es auf Kosten der Natur, sei es auf Kosten der Gesundheit.

SATTMACHER EIWEISS

Wie im vorangegangenen Kapitel bereits festgestellt, waren insbesondere einfache und einfachkettige Kohlenhydrate im Laufe der Evolution eher eine Seltenheit. Wenn es Kohlenhydrate gab, dann lagen diese als komplex verkettete vor. Sehr viel häufiger, so viel scheint sicher, standen Eiweiße, auch Proteine genannt, auf dem Speiseplan der Natur.

Sicherlich – das kann man auch in der heutigen Zeit bei Naturvölkern noch beobachten – stand dabei nicht das wertvolle Hühnerei auf Platz eins. Jene unserer Vorfahren, die an einem Gewässer lebten, hatten sicherlich des Öfteren frischen Fisch auf dem Tisch. Andere, die in Wäldern oder in der Savanne zu Hause waren, jagten Wildtiere. Kleintiere wie Hasen, aber auch größeres Wild konnte in der Gruppe auch in jenen Zeiten gefangen werden, in denen es noch nicht einmal die so genannten Distanzwaffen wie Speere und Ähnliches gab. Auch wenn es heutzutage eher unappetitlich oder obskur klingt, die häufigsten Proteinquellen waren eher Maden, Würmer, kleine Insekten wie Heuschrecken und derlei mehr, unsere Vorfahren waren diesbezüglich nicht sehr wählerisch. So schafften sie es, ihre Ernährung bis zu 70 % aus Proteinquellen zu bestreiten.

In diesem Zusammenhang ist erwähnenswert, dass der Name „Protein" sich von dem griechischen Wort „Proteios" ableitet. Der im 19. Jahrhundert lebende Mediziner und Pharmakologe Gerardus Johannes Mulder prägte diesen Begriff, der im Deutschen etwa als „grundlegend" übersetzt werden kann. Ihn trieb die Vorstellung, alle Proteine hätten die gleiche Ausgangssubstanz, was so nicht ganz stimmt. Allen Proteinen eigen und gemeinsam ist jedoch die Tatsache, dass sie neben Kohlenstoff, Wasserstoff und Sauerstoff auch Stickstoff in sich tragen.

Eiweiße in unserer Ernährung

Aufgebaut sind die Eiweiße aus so genannten Aminosäuren. Lange Zeit sprach man von 20 Aminosäuren. Heute sind insgesamt 21 Aminosäuren bekannt. Darunter befinden sich auch so genannte essentielle Aminosäuren, also solche, die der Körper nicht selber herstellen kann. Wir nennen das synthetisieren. Zwei Aminosäuren zusammen formen ein so genanntes Dipeptid. Hängen mehr als zwei Aminosäuren zusammen, so sprechen wir von einem Protein.

Um sich die Situation zu veranschaulichen, kann man an einen Campingplatz denken: Man reist mit Einzelteilen an, baut diese zu etwas Schönem und Großem auf, und wenn man abreist, packt man die Einzelteile einfach wieder ein. Es ist leicht vorstellbar, dass große Proteine nicht durch die Darmwand in unser Blut gelangen können. Bereits das Kauen zerkleinert große Stücke Nahrung zu kleineren Einheiten. Diese werden dann in der Passage durch den Magen-Darm-Trakt nochmals weiter zersetzt, bis wir lauter kleine einzelne Aminosäuren über unsere Darmschleimhaut in den Organismus aufnehmen. Erst in den Zellen beginnt das Spiel von vorne. Aus einzelnen Aminosäuren werden wieder Dipeptide oder Proteine zusammengebaut.

» Unsere Vorfahren bestritten bis zu 70 % der Ernährung aus Proteinquellen «

Bleiben wir beim Campingplatz. Wer nicht alle Zeltstangen dabei hat oder die Erdnägel vergessen hat, wird sein Zelt nie so schön errichten können, wie es stehen sollte. Genauso verhält es sich mit den Proteinen, die den Wesensbestandteil unserer Urzeit-Ernährung ausmachen, aber auch heute noch ausmachen sollten. Bevorzugen sollten wir jene Proteine, die unseren eigenen Strukturen am ähnlichsten sind. Somit liegt es auf der Hand, dass tierische Eiweiße für unseren Körper wertvoller sind als pflanzliche. Sie enthalten alle für uns wichtigen und notwendigen Aminosäuren in einer ausreichenden Zahl.

» Proteine halten den Insulinspiegel niedrig «

Bei Veganern und Vegetariern gilt es, darauf aufzupassen, dass die vermehrt konsumierten Kohlenhydrate keine zu stark steigernde Wirkung auf den Insulinspiegel haben und dass aus dem jeweils gewählten Angebotsspektrum (vegan versus ovo-lacto-vegetarisch versus lacto-vegetarisch versus ovo-vegetarisch) jeweils die Eiweiße in ausgewogener Form gewählt werden zwischen Pilzen und Tofu, Eiern und Milch oder besser gereiften Käsesorten, Joghurt und Quark, Kefir und Buttermilch, Soja und Sprossen, Körnern, Nüssen.
Erwähnenswert ist noch die biologische Wertigkeit, die sich darauf bezieht, dass schlussendlich alle Eiweiße im Verdauungstrakt komplett zerlegt werden (nur als einzelne Aminosäuren passieren sie die Darmbarriere und kommen ins Blut) – jedoch bestimmte Verteilungsquoten für den Aufbau menschlicher Proteine erforderlich sind. Hier haben tierische Proteinquellen die Nase vorne.

Wie viel Eiweiß brauchen wir?

Vielleicht haben Sie gelesen, dass zu viel Eiweiß unseren Nieren schaden kann. Lassen Sie dieses Wissen ruhig in den Hintergrund treten. Auch bei kritischer Betrachtung bedeuten 1,5 g Eiweiß pro Kilogramm Körpergewicht für die meisten Menschen keinerlei Gefahr für die Nieren. Nur bei schweren Nierenschäden sollte man darauf achten, dass die Eiweißzufuhr nicht ganz so hoch ist. Für einen 80 kg schweren Menschen sind das immerhin stolze 120 g Eiweiß, die er bedenkenlos zu sich nehmen kann. Nachdem die Eiweißmenge immer nur etwa ein Fünftel des Produktgewichts darstellt, sprechen wir somit bei einem 80 kg schweren Menschen tatsächlich von einer Tages-Eiweißportion aus dem Fleischregal oder der Fischtheke von ca. 600 g. Wer das im Rahmen von Mittag- und Abendessen tatsächlich schafft, ist zumeist sehr satt, braucht keine Kohlenhydrate mehr – und hat garantiert kein Gewichtsproblem.

Warum Eiweiße wichtig sind

Der jüngeren Forschung der medizinischen Ernährungswissenschaften verdanken wir die Erkenntnis, dass Proteine den Insulinspiegel in unserem Blut nach den Mahlzeiten relativ niedrig halten, in jedem Fall deutlich niedriger als nach einer Kohlenhydratmahlzeit.
Eiweiße sind für alle Zellen des Körpers von tragender Bedeutung. Ihre Zusammensetzung ist kompliziert und dreidimensional. Wir bauen sie alle aus den durch die Nahrung zugeführten Aminosäuren auf – wobei acht dieser 21 Aminosäuren sogenannte essentielle Aminosäuren sind. Diese müssen wir mit der Nahrung aufnehmen, wir können sie im Unterschied zu den nicht-essentiellen Aminosäuren nicht selber synthetisieren.

Was man sonst noch über Eiweiße wissen muss

Die Lebensdauer und Stabilität von Proteinen kann sehr schnell in Gefahr gebracht werden: Zu hohe Temperaturen zerstören sie. Für unseren Organismus ist es charakteristisch, dass sämtliche Enzyme, aber auch der Auf- und Abbau von Aminosäuren mittels verschiedener chemischer Kräfte besonders gut bei 37 °C funktionieren. Schon Temperaturen ab 40 °C können unsere Eiweißstrukturen denaturieren, was nichts anderes bedeutet als das, was man auch in der Pfanne beobachten kann, wenn man ein Ei hineinschlägt. Zu hohe Temperaturen und zu langes Garen im zu heißen Ofen machen aus unserem Braten und dem leckeren Fisch etwas, das nicht mehr die gesamte Menge an unveränderten Aminosäuren an unseren Organismus weitergeben kann. Die Eiweiße sind dann denaturiert. Deshalb ist „English" die Devise für ein gutes Steak.

Eiweiß und die Chronobiologie

Eiweiße haben schon durch die Evolution einen hohen Stellenwert in der Chronobiologie. Die acht essentiellen und dreizehn nicht-essentiellen Aminosäuren sind die Bausteine für Hormone, Muskeln, aber auch Enzyme in unserem Körper. Sie sind der Garant für Struktur- und Funktionserhalt und stellen sogar in der größten Not über den Aminosäurepool noch eine Option für die Zucker-Eigenproduktion dar, um die Energie für unser Nervensystem nicht ausgehen zu lassen.

Ihr Aufbau ist kompliziert, also ist es ihr Abbau im Verdauungstrakt auch. Eiweiße liegen lange im Magen. Das hat den Vorteil, dass sie gut sättigen. Die Top-Eiweißlieferanten sind Eier (Eigelb vom Huhn), hier sind auch die acht essentiellen Aminosäuren gleichermaßen optimal enthalten. Aber auch Fisch, Fleisch und Hülsenfrüchte wie grüne Bohnen oder Sojabohnen sind gute Quellen, zudem Quark.

» Eiweiße haben einen hohen Stellenwert in der Chronobiologie «

FAZIT

- Über viele Jahre haben wir gelernt, dass zu viel Eiweiß für den Körper nicht gut sei. Schnell würde dieser einstmals wichtigste Makronährstoff unseren Nieren den Garaus machen. De facto ist der menschliche Organismus aber sehr gut an die Eiweißzufuhr adaptiert. Proteine versorgen unseren Körper mit den lebenswichtigen Aminosäuren. Allein in der Trockensubstanz aller Zellen machen Proteine mehr als die Hälfte aus. Eiweiß hält den Insulinspiegel in unserem Blut überdies erfreulich niedrig, anders als dies die Kohlenhydrate tun.
- Eiweiß aus tierischer Herkunft ist unserem Organismus insgesamt dienlicher als pflanzliches Eiweiß. Grund dafür ist die Zusammensetzung der verschiedenen Aminosäuren darin.

SPEICHERMEDIUM FETT

Bei den Makronährstoffen spielen neben den Kohlenhydraten und den Proteinen die Fette eine wichtige und hervorgehobene Rolle. Sie sind von den drei Makronährstoffen jene mit der größten Energiedichte. Zum Vergleich: 1 g Eiweiß oder Kohlenhydrate bringen jeweils etwas mehr als 4 kcal in sich. 1 g Fett hingegen schlägt mit etwas mehr als 9 kcal zu Buche. Kein Wunder also, dass die Evolution ausgerechnet die Fette als das ideale Speichermedium für Energie auserkoren hat.

Was sind Fette?

Fette, auch Triglyceride genannt, bauen sich, wie der Name schon impliziert, aus einem drei Kohlenstoffe tragenden Glyzerid und drei Fettsäureketten auf. Der menschliche Organismus kann die meisten davon selber synthetisieren, also aufbauen. Und, bei Bedarf, auch wieder abbauen. Während im Lauf der Entwicklungsgeschichte der Menschheit insbesondere der Aufbau von Fetten überlebenswichtig war, stellt heutzutage ihr Abbau für viele Menschen in der westlichen Welt eine gesundheitlich relevante Notwendigkeit, aber kaum überwindbare Schwierigkeit dar.

Fett ist nicht gleich Fett!

Es gibt Fette, die der Körper nicht selber aufbauen kann. Wir nennen sie essentielle Fettsäuren. Diese essentiellen Fettsäuren müssen wir uns mit der Nahrung zuführen. Hier kommt ein in jüngster Zeit häufig zu hörendes Stichwort ins Spiel: Omega-3-Fettsäuren. Von ihnen sind insbesondere die DHA und EPA besonders wichtig. Beide stammen aus dem Tierreich.

Funktionen der Fette

„Fett macht fett", hieß es seit Beginn der 80er Jahre des letzten Jahrhunderts in der Ernährungsphysiologie. Unzählige Light- und Zeroprodukte sowie fettreduzierte Lebensmittel zieren seither die Supermarktregale. Zeitgleich wuchs die Zahl der übergewichtigen Menschen in der Industriewelt enorm. Einen Zusammenhang will man in den Gremien der Fachgesellschaften nicht erkennen und rät immer noch vom Fettverzehr dringend ab. Dabei ist Fett lebenswichtig und hat viele bedeutende Aufgaben in unserem Körper.

Stellen Sie sich zur Veranschaulichung vor, Sie wollen, dass Ihr Kind aus Spielzeug-Bauklötzen ein schönes Schloss baut. Als Voraussetzung müssen Sie die passenden Bausteine zur Verfügung stellen. Sonst wird das Gebäude entweder kein Schloss oder hässlich oder die Zugbrücke wird nicht richtig funktionieren.

Ähnlich verhält es sich mit der Membran der Zellen. Die Fettsäuren bilden hier die Einfallstore. Wir nennen sie Kanäle, Schleusen, Transportwege oder aber auch einfach nur Rezeptoren als Andockstellen für Informationen aus der Welt der Hormone, über die unsere Zellen mit den anderen Zellen und der Außenwelt kommunizieren. Wenn Sie Ihrem Körper nicht die richtigen und wichtigen Bausteine zur Verfügung stellen, sind Funktionsbeeinträchtigungen die Folge. Das leuchtet umso mehr ein, wenn man sich vor Augen führt, dass auch die Nerven- und Gehirnzellen von den entsprechend richtigen Bausteinen leben und profitieren.

Grundbausteine von Hormonen

Hormone haben Fette und Fettsäuren als Grundbausteine. Denken Sie beispielsweise an die für die Fortpflanzung wichtigen Sexualhormone. Ebenso werden Gallensalze mittels Fettsäuren gebildet. Fette sind aber auch Träger fettlöslicher Vitamine: Die lebensnotwendigen Vitamine E, D, K und A kann unser Körper nur aufnehmen, wenn sie an Fett gebunden sind. Darum heißen diese vier auch „fettlösliche Vitamine".

Darüber hinaus ist Fett ein Geschmacksträger: Jeder Gourmet weiß, dass auch Aromastoffe, Geschmäcker von Speisen, vom Fett getragen werden – ohne Fett kein Genuss.

Unter den Fetten steht das Olivenöl als Hauptvertreter der beliebten mediterranen Kost. Es liefert neben dem für das Gehirn und die Nerven so wichtigen Vitamin E die sogenannten Polyphenole in hohen Mengen, also hoch-wirkungsvolle Antioxidantien. Das senkt das LDL-Cholesterin und schützt das Gehirn. Aber auch das im kaltgepressten Olivenöl enthaltene Oleocanthal hat eine entzündungshemmende Wirkung.

» Omega-6-Fettsäuren fördern Entzündungen «

Auch wenn das Öl der Olive nicht durch einen hohen Anteil an Omega-3-Fettsäuren besticht (denn davon hat es wenig), hat das seinen Vorteil: Dadurch hat Olivenöl eine größere Hitzebeständigkeit, behält seine Eigenschaften bis zu 180 °C und eignet sich sogar zum Frittieren oder Anbraten.

Nichtsdestotrotz bleibt ein hoher Anteil an Omega-3-Fettsäuren aus Fisch (zusammen mit den sogenannten Furanölsäuren) ebenso wichtig, zumal deren Anteil durch den ungleich höheren anderer Fettsäuren in unserer Nahrung heutzutage sehr im Hintertreffen ist.

Warum Fette doch wichtig sind

Biochemisch unterscheidet man bei den Fettsäuren zwischen den so genannten gesättigten und den ungesättigten Fettsäuren. Bei den ungesättigten Fettsäuren gibt es einfach und mehrfach ungesättigte Fettsäuren. Die Letztgenannten sind für unsere Gesundheit sehr zuträglich.

- **Gesättigte Fettsäuren**

Sie kommen vorrangig in tierischen Produkten wie Butter, Käse oder Fleisch vor, aber auch in pflanzlichen Lebensmitteln, beispielsweise in Kokosfett.

- **Ungesättigte Fettsäuren**

Hier wird zwischen einfach und mehrfach ungesättigten Fettsäuren unterschieden. Besonders Letztere müssen wir dem Körper über die Nahrung zuführen. Industriell gefertigte Nahrung enthält besonders viel Omega-6-Fettsäuren und wenig an den sehr viel wichtigeren Omega-3-Fettsäuren. Omega-6-Fettsäuren fördern über eine Verkettung von Reaktionen in unserem Körper Entzündungsvorgänge. Omega-3-Fettsäuren hingegen können diese Entzündungen unterbinden und die Stoffwechselkaskade zu den entzündungsfördernden Mediatoren stoppen. Wertvolle Öle mit hohem Omega-3-Fettsäureanteil (im Omega-3-Index nach Prof. von Schacky also über 8%, optimal bei 11%) minimieren das Risiko von Herzkrankheiten, die Herzfrequenz sinkt bei verbesserter Herzratenvariabilität, Blutfettwerte verbessern sich.

Zudem stellen Omega-3-Fettsäuren einen wesentlichen Bestandteil des Hirnaufbaus dar – für dessen Aufbau in der Kindheit und für seinen Erhalt brauchen wir sie ein Leben lang. Das senkt nicht nur die Zahl von Depressionen und schützt vor Gedächtnisverlust im Alter, sondern hilft auch in der Prävention von ADHS und bessert die Hirnleistung. Sportler haben bei guter Versorgung weniger Muskelkater und verbesserte Kraft – Nichtsportlern dienen sie beim Erhalt der vorhandenen Muskulatur, die sonst altersentsprechend pro Lebensdekade bei Frauen um 10% und bei Männern um 6% abnimmt.

Fett ist also ein wesentlicher Bestandteil unserer Ernährung. 30 bis 35 % Fettanteil pro Tag können absolut nicht schaden, ganz im Gegenteil. Bei einem normalgewichtigen gesunden Erwachsenen wären das ca. 60–90 g Fett pro Tag. Das mag viel klingen, besonders wenn man auf seine Figur achten will, vielleicht auch abnehmen will. Es ist jedoch eine empfehlenswerte Menge, wobei natürlich Qualität vor Quantität kommt.

DIE QUALITÄT MACHT'S AUS

- **Gesättigte Fettsäuren**
  Palmitinsäure, Stearinsäure etc.
  Enthalten in Butter, Käse, Fleisch, Wurst, Schmalz
- **Einfach ungesättigte Fettsäuren**
  Ölsäure
  Enthalten in Olivenöl, Rapsöl, Avocado, Haselnüssen
- **Mehrfach ungesättigte Fettsäuren**
- **Omega-6-Fettsäuren**
  Linolsäure
  Enthalten in Sonnenblumenöl, Sesamöl, Chia-Samen, Weizenkeimöl
  Arachidonsäure
  Enthalten in Schweineschmalz, Leberwurst
- **Omega-3-Fettsäuren**
  DHA
  Enthalten in Makrele, Lachs, Thunfisch, Mikroalgen
  EPA
  Enthalten in Makrele, Hering, Thunfisch, Lachs
  ALA
  Enthalten in Leinöl, Hanföl, Walnussöl

Ein seltener Fall, dass tierische Fette gewünscht sind: Die drittwichtigste Omega-3-Fettsäure kürzt sich mit ALA ab. In älteren Lehrbüchern liest man noch, dass diese ALA-Fettsäuren von unserem Organismus in die beiden anderen Omega-3-Fettsäuren DHA und EPA überführt werden können. Stress, Umweltbelastungen und viele weitere Faktoren führen jedoch leider dazu, dass diese Umwandlung nicht einmal mehr in den beschriebenen 5 % der Fälle gelingt.

Unterm Strich bedeutet das: Wir müssen nicht nur darauf achten, die aus der Pflanzenwelt stammenden ALA-Fettsäuren mit der Nahrung zu uns zu nehmen, sondern auch darauf, dass in unseren Speisen reichlich tierische Omega-3-Fettsäuren enthalten sind. Ergänzend sei noch erwähnt, dass Wochenbett-Depressionen ebenso wie Herz-Kreislauf-Erkrankungen erst dann ihren Nährboden finden, wenn der so genannte Omega-3-Index zu niedrig ist. Dieser Index beschreibt das Verhältnis von mehrfach ungesättigten Fettsäuren und anderen Fettsäuren zueinander.

» 30 bis 35 % Fettanteil in der Ernährung pro Tag sind empfehlenswert «

Fett kommt selten allein – Fettbegleitstoff Cholesterin

Den Übergangsbereich zwischen normalen Fettsäuren und Hormonen bildet das allseits bekannte Cholesterin – eben jenes Cholesterin, über das viele Hausärzte klagen, sein Spiegel sei vielfach zu hoch! Cholesterin stellt grundsätzlich einen sehr wichtigen Baustein für unseren Körper dar. Selbst das so genannte schlechte Cholesterin ist nicht so schlecht wie sein Ruf. Es erfüllt in unserem Körper die Aufgabe eines Bodyguards. Das so genannte LDL-Cholesterin kann nämlich als Fänger von „freien Radikalen“ auftreten und unseren Organismus vor freien Elektronen schützen, die sonst Zellen oder Zellbestandteile zerstören würden.

Der Nachteil des schlechten Cholesterins, das doch besser ist als sein Ruf, ist, dass es, wenn es einmal die Funktion als Beschützer ausgeübt hat, im Inneren unserer Blutbahn buchstäblich verranzt. Es muss abgebaut werden und die Bruchstücke müssen wieder zurück zur Leber, in den Recycling-Hof, gebracht werden. Schließlich ist es, wie eingangs erwähnt, ein wichtiger Baustein, der im Laufe der Evolution nicht oft auf dem Speiseplan stand.
Das gute Cholesterin, das so genannte HDL-Cholesterin, hat die Fähigkeit, vier „schlechte" Cholesterine wieder zurück in den Kreislauf der Wiederherstellung zu führen. Leider sind diese hier sehr einfach beschriebenen physiologischen Vorgänge auch mit stillen, schmerzlosen und deshalb nicht bemerkten Entzündungsreaktionen verbunden. In der Fachsprache heißen sie silent inflammations.

Fette und die Chronobiologie

Fette sind wichtige Bausteine aus der Evolution der Organismen und des Menschen und daher auch chronobiologisch äußerst bedeutsam. Mens sana in corpore sano (ein gesunder Geist in einem gesunden Körper) kann erst funktionieren, wenn wir unser Gehirn und die Nervenstrukturen mit wertvollen Fetten füttern. Sie sind die übergeordneten Zentren, die unsere endogenen und exogenen chronobiologischen Abläufe koordinieren.

FAZIT

- Fette sollten ein gutes Drittel unserer Ernährung ausmachen. Predigten, wie wir sie in den vergangenen 30 Jahren hören mussten, dass Fette zu vermeiden sind und Fett dick macht, kann man nicht unkommentiert hinnehmen. Die Betonung muss auf besonders wertvollen, gesunden Fetten liegen. Diese finden wir vor allem im Pflanzenreich. Pflanzen produzieren wertvolle Öle insbesondere in ihren Samen. Das ist auch im Sinne der Evolution, denn dem Nachwuchs, egal ob Tier oder Pflanze, sollten die besten Bausteine für die zukünftig entstehenden Zellen zukommen. Auch die Schwangere gibt ihrem Kind im Bauch speziell in der letzten Phase der Schwangerschaft ihre wertvollsten Fettsäuren ab. Gelingt es der Mutter nicht, ihren Eigenbedarf über die Ernährung ausreichend zu decken, so droht ihr ein erheblicher Abfall der mehrfach ungesättigten Fettsäuren, mit gravierenden Folgen für ihre eigene Gesundheit.
- Fette stellen insgesamt für jedes Lebewesen unabdingbare Bausteine für Wachstum und Regeneration dar. Hormone, aber auch Cholesterin und die daraus entstehenden Stress- und Sexualhormone, haben als Grundstoff immer Fettsäuren. Vier lebenswichtige Vitamine können wir nur in Gegenwart von Fett in unserem Körper aufnehmen.

GESUNDHEITSBOOSTER VITAMINE, MINERALSTOFFE & CO

Mikronährstoffe wie Vitamine, Mineralstoffe etc. machen einen lebens- und überlebensnotwendigen Teil unserer Ernährung aus. Für eine detaillierte Darstellung dieser Stoffe reicht der Rahmen unseres Buches nicht, dafür gibt es jedoch umfangreiche und gut verständlich geschriebene Standardwerke. Hier sollen stellvertretend die wichtigsten Mikronährstoffe vorgestellt werden.

Sekundäre Pflanzenstoffe entstehen in Pflanzen, weil diese sich vor Sonne und Wetter schützen müssen. Im Verlauf des Tages und der Jahreszeiten sind sie starken Einflüssen wie UV-Strahlen, Feuchtigkeitschwankungen und Temperaturunterschieden ausgesetzt. Daher bilden Pflanzen und vor allem ihre Früchte – die die Samen tragen und daher der Fortpflanzung dienen – Schutzstoffe, die Schäden von ihnen abwenden.

Manche dieser sekundären Pflanzenstoffe sind so potent, dass auch unser Organismus von ihrem Verzehr profitiert. Am bekanntesten ist wohl Resveratrol, das in Weintrauben, aber auch Blaubeeren und anderen Früchten vorkommt: Unter der Schlagzeile des „french paradoxon" wurde festgestellt, dass Rotwein trinkende Franzosen seltener am Herzinfarkt sterben als die Nichtrotweintrinker anderswo. Fast jedes Obst und viele Gemüsesorten verfügen über eine bunte Vielfalt an Schutzsubstanzen, die unserem Organismus dabei helfen, Entzündungen zu reduzieren oder gar nicht erst aufkeimen zu lassen, freie Radikale zu neutralisieren oder Stoffwechselfunktionen zu verbessern.

» Vitamin D3 steigert die Leistung des Immunsystems «

Vitamin D3

Unter den Vitaminen scheint es beim heutigen Stand der Wissenschaft angemessen, das als Gesundheits-Hormon bezeichnete 25-OH-Vitamin D3 hervorzuheben. Sehr richtig gelesen: Hormon. D3 ist eines der vier fettlöslichen Vitamine. Wenn es gebildet wird, wandert es bei Übergewichtigen ins Speicherfettgewebe. Wir bilden es nur bei ungeschützter Sonnenexposition, d.h. wir brauchen Sonne auf der Haut zu seiner Synthese – daher hat es auch den Namen Sonnenhormon.

Seine Vorzüge liegen nicht nur in einer verbesserten Knochenstabilität. Dazu kommt eine deutliche Steigerung der Immunleistung (ein Abgesang auf winterliche Erkältungskrankheiten und die in vielen Fällen sinnlose Grippeschutzimpfung samt ihren Nebenwirkungen, die propagiert wird, weil sie zum einen günstiger ist als die Analyse des D3-Status im Blut, zum anderen weil sie der Pharmalobby gefällt). D3 dient auch dem Schutz vor Autoimmunerkrankungen und wirkt krebsprotektiv. Mütter mit niedrigem D3 laufen ein höheres Risiko, dass ihr Kind an MS, multipler Sklerose und anderen Krankheiten erkrankt.

	FUNKTION	VORKOMMEN
FETTLÖSLICHE VITAMINE		
Vitamin A	- Wachstum, Haut und Schleimhäute, Sehnen - Immunkompetenz	Leber, Lebertran, Butter, Käse, Eier, Hering, Karotte
Vitamin D	Immunsystem, Psyche, Knochen, Vitalität	80% Eigensynthese durch UV-B auf die Haut; Lebertran, Fische, Eier
Vitamin E	Antioxidans in Membranen, Immunsystem	Olivenöl, Gemüse, Weizenkeime, Fleisch von Grasfressern
Vitamin K	Gerinnungsfaktoren, Knochenstoffwechsel	Grünes Gemüse, Salate, Kohlgemüse, etwas in Fleisch und Innereien
WASSERLÖSLICHE VITAMINE		
Vitamin C	Immunsystem, Bindegewebe, Nerven, Synthesefunktionen u.v.m.	Acerolakirschen, Hagebutten, Zitrusfrüchte, Gemüse (Paprika, Brokkoli), Kiwis
Vitamin B1	Neurotransmitterstoffwechsel, Antioxidans, Zuckerstoffwechsel	Zerealien und Nüsse, Hülsenfrüchte
Vitamin B2	Oxidativer Stress und Detox	Milch, Molkeprodukte, Fisch, Eier
Vitamin B3	Lipidsenkung, Antioxidans, Glukosetoleranzfaktor, Zellmetabolismus	Leber, Huhn, Hase, Lachs, Kalb, Fisch
Vitamin B5	Anti-Stress, Energiestoffwechsel, Synthese	Innereien, Eidotter, Eier, Fisch, Austern, Gelee Royal (Bienen)
Vitamin B6	Immunsystem, Stoffwechsel, Detox	Leber, Fisch, Walnüsse, Avocado, Zerealien
Vitamin B9 (Folsäure)	Homocysteinabbau, Proteinbiosynthese, DNS-Synthese, Wachstum, Nerven	Weizenkeime und -kleie, Rinderleber, Spargel, Rosenkohl, Eigelb, Wirsing, Brokkoli
Vitamin B12	Nervenstoffwechsel, Antioxidans, Coenzym, Fettstoffwechsel	Leber, Hefe, Innereien, Hering, Rindfleisch, Lachs
Biotin	Haut, Gluconeogenese, Fettaufbau	Leber, Hefe, Soja, Walnüsse, Kohl, Eier

SYMPTOME BEI MANGEL *z.B.*	SYMPTOME BEI ÜBERVERSORGUNG *z.B.*
Nachtblindheit, Infektanfälligkeit	Erhöhtes Frakturrisiko,
Müdigkeit, Hörstörung u.v.m.	Zwischenblutungen
Infektanfälligkeit, Autoimmunerkrankungen, Osteoporose, Depressionen, u.v.m.	Schwer erreichbar, ggf. Hyperkalzämie und dadurch Nierensteine
Infektanfälligkeit, silent inflammations, Veränderungen des Blutbildes	Selten erreichbar. Schwere Überdosierung und Rauchen: ggf. erhöhtes Prostatarisiko
Entzündliche Darmerkrankungen, Gerinnungsstörungen, Blutungsneigung	Selten Erbrechen

Infekte, Wundheilungsstörungen, Skorbut, Müdigkeit, Schmerzen	Selten möglich, ggf. Durchfall
Müdigkeit, Neuropathien	Selten erreichbar, ggf. Kopfschmerzen, Muskelschmerzen
Bei Veganern denkbar Rhagaden, Tränenfluss	Kaum erreichbar
Hautjucken, Diarrhöe, Erbrechen, Kopfschmerzen	Flush, Gastritis
Müdigkeit, Kopfweh, Infekte	Nicht wahrscheinlich
Schlaflosigkeit, Depressionen	Neurologische Störungen, Schmerzen
Neurologische und psychiatrische Störungen, Hyperhomocysteinämie	Nicht wahrscheinlich
Perniziöse Anämie, neurologisch-psychologische Störungen, Blutbildungsstörungen	Nicht wahrscheinlich
Hautschuppung, Haarausfall, Nagelbrüchigkeit. Depressionen, Erschöpfung	Nicht wahrscheinlich

	FUNKTION	VORKOMMEN
MIKRONÄHRSTOFFE		
Coenzym Q10	Antioxidans, Energiehaushalt, Zellschutz	Leber, fetter Kaltwasserfisch, Grüngemüse, Knoblauch, schwarzer Pfeffer
L-Carnitin	Fettsäuretransport und -oxidation	Fleisch, Milch
Chrom	Glukosetoleranzfaktor, Lipidsenkung, Insulinwirkung, Schildddrüsenfunktion	Olivenöl, Hefe, schwarzer Pfeffer, Vollkorncerealien, Fleisch
Eisen	Sauerstofftransport, Antioxidans, Detox, Neurotransmittersynthese, Haut	Innereien, Austern, Linsen, Bohnen, Fleisch, roter Fisch, Gemüse
Selen	Antioxidans, Schilddrüse, Immunsystem	Spargel, Knoblauch, Kokosraspeln, -nuss, Weizenkleie
Zink	Antioxidans, Immunsystem, Hormone, Enzyme, Haut, Haare	Austern, Weizenkeime, Fleisch, Innereien, Fisch, Eier, Käse, Cerealien, Hülsenfrüchte

Vitamin D3 und die Chronobiologie

In diesem Kontext ist der Zusammenhang zwischen Chronobiologie, Sonnenlicht und Mensch zu beachten. Ähnlich wie die Pflanzen mit ihrem Blattgrün im Sonnenlicht Energie einfangen können und dabei Kohlenhydrate produzieren, kann die menschliche Haut dem Sonnenlicht ein lebensschützendes Hormon abgewinnen. In der nördlichen Hemisphäre allerdings nur beschränkt, mit unterschiedlicher Intensität im Wandel der Jahreszeiten und im Tageslauf nur in jener Zeit, in der die Sonne kräftig genug scheint. Ein Merkspruch zur Einschätzung dessen, was „kräftig genug" bedeutet, lautet: Wenn der Schatten, den wir im Sonnenschein werfen, kürzer ist als unsere Körpergröße, reicht der UV-Einfluss für die Synthese von D3. Sie werden staunen, wie lange im Jahr die zusätzliche Aufnahme von Vitamin D3 fast unumgänglich ist! Bitte immer daran denken, dass Vitamin D3 fettlöslich ist, wir nehmen es nur auf, wenn Fett mit im Spiel ist. Deshalb sollte es nach fetthaltigen Mahlzeiten konsumiert werden.

» Vitamin D3 sollte nach fetthaltigen Mahlzeiten konsumiert werden «

SYMPTOME BEI MANGEL *z. B.*	SYMPTOME BEI ÜBERVERSORGUNG *z. B.*
Müdigkeit, Erschöpfung, Muskelschwäche, Herzprobleme	Nur bei blutverdünnenden Medikamenten problematisch
Muskelschwäche, Leberprobleme, Verfettung	Nicht zu erwarten
Hyperglykämie, Dyslipidämie, Nervenleiden	Toxisch in hohen Dosen. Hauterkrankungen, Erbrechen, Lungenkrebs
Müdigkeit, Schwäche, Haut-Haar-Probleme	Magen-Darm- und Kreislaufprobleme, Blutungen
Autoimmunkrankheiten, Arthrosen, Depressionen, Schlafstörungen, Nerven	Hautprobleme, Jucken, Übelkeit
Haut-Haar-Probleme, Unfruchtbarkeit, Infektanfälligkeit, Diabetes, Nerven	Sehr unwahrscheinlich

Salz – die Würze des Lebens?

Salz, auch Natriumchlorid genannt, ist nicht nur eine feine Würze, sondern ein lebenswichtiges Mineral. Salz ist für das einwandfreie Funktionieren unserer Zellen verantwortlich. Jedoch sollte es mit Bedacht eingesetzt werden. Denn in der Kombination mit hohen Insulinspiegeln verursacht Salz nicht nur einen vorübergehenden Volumen-Hochdruck, sondern zusätzlich auch noch einen systemischen Bluthochdruck. Schließlich fördert Insulin zudem auch eine Ausschüttung von Adrenalin, welches wiederum für eine erhöhte Frequenz des Herzschlages und ein Engerstellen der Kapillargefäße sorgt. Die regelmäßige Wiederholung dieses von der Evolution intelligent ausgeklügelten Wirkmechanismus sorgt beim Menschen der Neuzeit für einen dauerhaften Anstieg des Blutdrucks.

Achten Sie also darauf, nur solche Speisen schmackhaft zu salzen, die den Insulinspiegel sehr niedrig lassen. Das gelingt bei Gemüse, aber auch bei Fleisch, Fisch und Eiern, sofern Sie die Kombination aus Eiweiß und Kohlenhydraten meiden, um dem Insulinspiegel keine Chance zu geben, stark nach oben zu steigen. Bevorzugen Sie Meersalz und Kristallsalz vor raffiniertem (üblichem) Haushaltssalz.

DER INDIVIDUELLE ENERGIEBEDARF

Der individuelle Energiebedarf hängt von vielen unterschiedlichen Faktoren ab wie Geschlecht, Alter, Gesundheitszustand und körperliche Tätigkeit. Jeder Mensch hat seinen persönlichen Energiebedarf, der sich aus Grundumsatz, Leistungsumsatz sowie Wärmebildung zusammensetzt. Dem Körper muss über die Ernährung und das richtige Timing ein energetisches Minimum in Form von Nahrung zugeführt werden, um Grundumsatz und Leistungsumsatz zu decken. Der chronobiologische Aspekt dabei bezieht sich in erster Linie auf die tageszeitlich unterschiedlich getaktete Empfindlichkeit der Insulinrezeptoren vor allem unserer Muskel- und Leberzellen für das Überlebenshormon Insulin.

GRUNDUMSATZ UND LEISTUNGSUMSATZ

Der Grundumsatz (GU) ist jene Energie, die der Körper innerhalb von 24 Stunden mindestens braucht, um alle lebensnotwendigen Stoffwechselabläufe aufrechtzuerhalten, wie Herzschlag, Atmung oder diverse Gehirnfunktionen. Er ist der Energieverbrauch eines Menschen bei völliger Ruhe und Entspannung und einer konstanten Umgebungstemperatur von 20 bis 28 °C.

Als Grundregel gilt, dass wir etwa eine Kilokalorie (kcal) pro Stunde des Tages für jedes Kilo unseres Körpergewichtes brauchen: Grundumsatz in kcal = 24 x Gewicht.

Der Leistungsumsatz (LU) ist jene Energie, die der Körper für alle messbaren Leistungen wie körperliche Betätigung, Wachstum sowie Aufrechterhaltung der Körpermasse braucht. Deshalb ist der LU stark von der individuellen Lebensweise abhängig. Wir sprechen auch vom PAL, dem physical activity level. Im Grunde handelt es sich um eine Zahl, mit der der Grundumsatz multipliziert wird, um den tatsächlichen Tagesleistungsumsatz berechnen zu können.

Mit wenigen Klicks im Internet findet man dazu eine Vielzahl von Tabellen, die zum Teil sehr präzise, zum Teil grob abschätzend die unterschiedlichen Multiplikationsfaktoren aufzeigen, vom Schlafen (0,95) oder nur Sitzen und Liegen (1,2) bis hin zum PAL für eine Stunde zügig Kraulen, was dem Körper eine sehr beachtliche Energiemenge abverlangt.

Der Körper braucht Energie auch bei der Wärmebildung (Thermogenese), die bei der Verwertung von Nährstoffen im Körper entsteht. Wenn Sie etwas essen, müssen die Nährstoffe für weitere Ab- und Umbauprozesse in die Zelle transportiert werden. So wird der Energieverbrauch erhöht. Wie hoch diese „nahrungsinduzierte Thermogenese“ ausfällt, hängt von der Nahrungszusammensetzung ab. So benötigen Proteine eine höhere und längere Wärmeproduktion als andere Makronährstoffe.

» Der Grundumsatz in kcal entspricht dem 24-Fachen des Gewichts «

WIE VIEL KALORIEN BRAUCHE ICH PRO TAG?

Das eindeutigste Instrument für die Antwort auf diese Frage ist die Waage. Sie stellt jedoch ihr Messergebnis in Kilogramm dar, ohne aber zu sagen, was genau sie misst. Muskelfleisch, Speicherfettmasse, Wasser? Wem die Waage eine Gewichtsabnahme anzeigt, der kann auch nicht zielsicher zurückschließen, was genau bei seinem Körpergewicht weniger geworden ist.

» Muskelmasse ist schwerer als Fettmasse «

Waagen sind keine Präzisionsinstrumente. Was das bedeutet, lässt sich anhand eines Versuches darstellen: Wenn eine Person viermal nacheinander auf dieselbe Waage steigt, wird sich schon beim zweiten und dritten Durchlauf zeigen, dass bei einigen Messungen nicht präzise dasselbe Gewicht angezeigt wird wie zuvor. Dieser Versuch dauert zwei bis drei Minuten. In dieser kurzen Zeitspanne wird kaum jemand aus der Vierergruppe auch nur annähernd 100 g oder mehr an Wasser durch Schwitzen und Abatmen von Feuchtigkeit verloren haben. Es sind Messungenauigkeiten, die ganz normal sind.

Ob Tachometer im Auto oder Waage im Bad: Einen gewisser Prozentsatz an Messungenauigkeit darf jedes Präzisionsinstrument haben. Einige meinen, dass sogar 5 % noch tolerabel sind. Ein Beispiel: Bei 100 kg auf der Waage wären bereits 1,5 % Abweichung mit überraschenden Resultaten behaftet. Der Proband wiegt eigentlich genau 100 kg, die eine Waage bleibt bei 98,5 kg stehen, was ihn freut, und die andere zeigt 101,5 kg an, was ihn wundert. Es kann auch umgekehrt verlaufen und er nimmt auf diese Weise, ohne irgendeine Maßnahme ergriffen zu haben, quasi von einem Tag auf den anderen 3 kg ab.

ANDERE BERECHNUNGSMETHODEN

Sicher kennen Sie die bekannten anderen Messmethoden zur Beantwortung der Frage: „Bin ich zu dick?“:

- Der BMI ein veraltetes Konstrukt der amerikanischen Lebensversicherer aus der Mitte des vorigen Jahrhunderts. Man wollte wissen, bei welchem „Gewicht pro Quadratmeter“ der Mensch ein höheres Sterblichkeitsrisiko aufweist (und damit für den Konzern teuer werden kann). Maßeinheit ist kg/m^2. Doch das hilft wenig weiter, denn die gleiche Menge Muskelmasse ist schwerer als die Fettmasse. Zudem sinkt kraft besserer Medikamente auch die erhöhte Sterblichkeit von Menschen mit einstmals zu hohem BMI, der Index gilt als obsolet.
- WHR steht für „waist to hip ratio“ und beschreibt das mit dem Maßband gemessene Verhältnis zwischen Taille und Hüfte. Bei Frauen ist es idealerweise kleiner als 0,85, bei Männern sollte es kleiner als 1,0 sein.
- Der Bauchumfang als solcher ist auch ein guter Indikator, es gibt aber derzeit noch sehr divergierende Angaben, was noch im Rahmen der Norm akzeptabel ist. Die Weltgesundheitsorganisation sagt: Der Mann sollte bis 102 cm und die Frau unter 88 cm haben. Den Kardiologen ist das zu viel, sie fordern beim Mann weniger als 94 cm und bei der Frau unter 82 cm.
- Derzeit am besten ist die WHtR (waist-to-height ratio, also das Verhältnis vom Bauchumfang zur Körpergröße). Neuen Studien zufolge ist das der sinnvollste und aussagekräftigste Wert, um ein langfristiges Risiko für Diabetes und Herz-Kreislauf-Erkrankungen vorherzusagen. Goldene Regel dabei: Das Ergebnis sollte beim Erwachsenen nicht höher sein als die Hälfte der Körpergröße.

DIÄTFRUST

Im Laufe der Evolution war es nicht immer leicht, tagtäglich genau die benötigte Energiemenge bereitzustellen bzw. aufzunehmen. Genau für diese Situation hat die Natur aber auch wesentliche Strategien der Einflussnahme entwickelt. Wenn die Heizkosten das Budget übersteigen, wird die Temperatur einfach herabgesetzt. An diesem Thermostat kann die Schilddrüse mit einiger Vorlaufzeit sehr effizient drehen, und schon ist der Bedarf an die energetische Verfügbarkeit angepasst.

Manche Diäten schlagen in dieselbe Kerbe. Sie setzen auf Reduktion der zugeführten Energie. Manche ganz offen schon vom Namen her, indem sie als „F.d.H." („friss die Hälfte" – nur: von was?) auftreten, andere diskret versteckt mittels „erlaubter" und „verbotener" Lebensmittel oder exakt vorgegebenen, individuellen Ernährungsplänen, die unter dem Strich dann doch ziemlich hypokalorisch sind, also deutlich unter (griechisch „hypo") dem Kalorienbedarf des Grundumsatzes liegen.

Der Differenzbedarf der fehlenden Energie wird zunächst noch aus dem Speicherfett bezogen, welches überdies in dieser Phase zumindest nicht mehr weiter aufgebaut wird. Jedoch folgt auch dieser Prozess bereits einer tageszeitlichen Taktung, also der Chronobiologie, die von weiteren Faktoren abhängt. Die Erfahrung diäterprobter Menschen zeigt, dass anfangs zuverlässig einige Pfunde purzeln.

Nun gibt es aber beim Abnehmen von Speicherfett auch gewissen Gesetzmäßigkeiten, die die Natur vorgesehen hat. In Zeiten der Entbehrung waren diese Schutzmechanismen für die Energiedepots sehr sinnvoll und für das Überleben von Vorteil. Kaum eine Diät geht jedoch auf diese Gesetzmäßigkeiten ein. Mit der Folge, dass das, was der Abnehmwillige bei seinem Blick auf die Waage als abgebaut sieht, oftmals nur der Bestand an Körperwasser oder sogar Muskelmasse ist. Je dicker der Mensch ist, desto mehr Muskelmasse hat er. Der Sinn der Energiedepots war ja das Überleben in Zeiten der Entbehrung; und Bewegung war der Motor des Lebens und des Strebens danach, Nahrung zu finden. Es hat einen klaren Vorteil, auch die passende Muskel- und Fettmasse zu haben, um sein Gewicht fortbewegen zu können. Also nehmen wir pro Kilogramm Gewichtszunahme in aller Regel Dreiviertel der Masse an Fett und ein Viertel an Muskelmassengewicht zu.

» Kaum eine Diät geht auf chronobiologische Gesetzmäßigkeiten ein «

DER JO-JO-EFFEKT

Nach einer gewissen Zeit dieses Energieversorgungs-Ausgleichs bemerkt der Körper, dass die Nahrungszufuhr reduziert ist, was er als Indiz für einen offensichtlichen Notstand wertet. An diesem Punkt kommen verschiedene Mechanismen ins Spiel, darunter auch jener der Schilddrüse, die die Körperkerntemperatur herabreguliert. Die normale Körperkerntemperatur ist zwar die sinnvollste für die normale Körperfunktion. Aber wenn es mit der Energiebereitstellung hapert, muss es auch anders gehen.

> » Hungerstoffwechsel führt zum Jo-Jo-Effekt «

Das größte Energieeinsparungspotential, die Temperaturabsenkung, hat leider auch ihre Folgen. Zum einen finden Stoffwechselvorgänge nicht mehr wie gewohnt statt, Haare und Nägel wachsen langsamer, die Haut ist nicht mehr so schön, die Regeneration hinkt dem eigentlichen Zeitplan hinterher. Zum anderen bedingt diese Stoffwechselumstellung auf Hungerstoffwechsel auch eine ganze Reihe hormoneller Veränderungen mit zum Teil erst seit kurzem wissenschaftlich erforschten, andererseits längst bekannten Konsequenzen. Die wichtigste wird Jo-Jo-Effekt genannt.

Neuere Studien zeigen, dass eine zehnwöchige, im Sinne des F.d.H. um 50 % reduzierte hypokalorische Ernährung, gefolgt von dem vormaligen Normalmaß entsprechenden Essmengen noch ein ganzes Jahr später hormongesteuert dafür sorgt, dass wir zu Beginn des Essens deutlich hungriger und weniger satt sind und am Ende der Mahlzeiten deutlich weniger Sättigung verspüren, dass unser Verlangen nach Essen größer ist und nach dem Beenden einer Mahlzeit das Hungergefühl fast noch den Wert hat, den es vor dem Essen hatte, bevor die Nahrungsaufnahme beschränkt worden war. Es ist dies die vielleicht erste saubere Studie, die dem Jo-Jo-Effekt eine wissenschaftliche Erklärung gibt.

FAZIT

- » Auch wenn es auf den ersten Blick logisch erscheint, dass schlicht der Betrag an zugeführter Energie – gemessen in der aktuell „gültigen, neuen" Maßeinheit Joule oder, wie in der täglichen Praxis nach wie vor zu beobachten, in den „guten alten" Kalorien – für den Auf- und Abbau oder Erhalt des Körpergewichtes entscheidend ist, zeigt sich in der Realität, dass dies ein Trugschluss ist. Mit jedem Kilogramm Zuwachs oder Abgang von Körpergewicht verändern wir auch die Muskelmasse.
- » Der vorhandene, arbeitende Muskel indes definiert, wie viel Speicherfettmasse wir verstoffwechseln. In Ruhe ist es weniger, bei Beanspruchung des Muskels mehr, je nach Art und Weise des Ausprägungsgrades. Wir bezeichnen dies als PAL (physical activity level) und meinen damit jene Energie, die wir zusätzlich zum Grundumsatz (etwa 1 kcal pro Stunde des Tages und pro Kilogramm Körpergewicht) benötigen.

ESSKULTUR BRINGT LEBENSQUALITÄT

ESSEN IST MEHR ALS NUR NAHRUNGSZUFUHR

„Essen hält Leib und Seele beisammen." Wer kennt nicht einen Onkel, der diese Weisheit beim Sonntagstisch anlässlich von Familienfeiern gern in die Runde rief? In aller Regel ist es der spezielle Typ Onkel, dessen Bauch bei der Umsetzung des Gesagten über die Jahre immer größer wurde und der im Laufe der Familienfeierlichkeiten dadurch auffällt, dass sich bei ihm durch den Genuss alkoholischer Getränke eine besondere Redseligkeit einstellt.

Essen braucht in vielerlei Hinsicht Zeit. Es gibt den rein organisatorischen Aspekt, die Auswahl und Beschaffung der Nahrungsmittel, der Zutaten, der Gewürze. Hinzu kommt die Zeit der Zubereitung. Je nach Neigung und Interesse kann man diesem Teilbereich des grundnatürlichen Vorgangs „Essen" bereits einen besinnlichen, meditativen Erlebnischarakter verleihen, der dem Seelenwohl zugutekommt.

Aber auch der soziale Kontext darf beim Speisen nicht zu kurz kommen. In unserer modernen Welt rückt das ehemals traditionelle gemeinsame Abendbrot der Familie weit in den Hintergrund. Dabei ist der gesellschaftliche Aspekt des Essens für die Beziehungspflege innerhalb der Familie äußerst wichtig. Unterschiedliche Verpflichtungen, Schul- und Arbeitsbeginn der einzelnen Familienmitglieder zu verschiedenen Uhrzeiten, Überstunden im Beruf auf der einen, schulische Erfordernisse, Lernen, aber auch TV-„Pflichtprogramme" der Heranwachsenden auf der anderen Seite lassen die gemeinsame Zeit bei Tisch zu einem Minimum verkommen.

» Gemeinsames Essen ist wichtig für die Beziehungspflege «

Das Serviertablett wurde im Laufe der Jahre durch ein internetfähiges Telekommunikationstablet ersetzt. Gedanklicher Austausch, Unterhaltungen, Berichte über die Erlebnisse des Tages finden beim Essen kaum noch statt. Während der Vater zwischen zwei Bissen die letzten E-Mails überfliegt, beäugt die Mutter auf dem Smartphone die neu geposteten Fotos ihrer Freundinnen vom letzten Wochenend-Städtetrip. Die Kinder chatten mit Klassenkameraden, die sie eigentlich noch vor dem Abendessen auf dem Bolzplatz hätten treffen sollen.

Nebenher, fast kaum wahrgenommen, wird das Abendessen leidenschaftslos verschlungen. Der Zusammenhalt von Leib und Seele scheint im 21. Jahrhundert nur noch ein paraphrasisches Relikt des alten Jahrtausends zu sein. Dabei braucht auch der Körper mit seinem Verdauungstrakt für das Essen Zeit.

FLUCHT ODER KAMPF – WARUM STRESS UNSER ESSVERHALTEN DOMINIERT

Wenn jeder Ablauf, jeder Handgriff, alle Entscheidungen, die es zu treffen gilt, absehbar, eingespielt und leicht von der Hand gehen, sprechen wir von Routine. Routine hält den Energiebedarf, die Aufmerksamkeit, den Stressfaktor und damit auch die widernatürliche Ausschüttung von Stresshormonen auf einem ertragbaren, kalkulierbaren, energetisch haltbaren und damit evolutionären abgesicherten Niveau. Anders sieht es aus, wenn der Feind plötzlich auftaucht und hormonelle Dysbalancen hervorruft.

Mit anderen Worten: In einem normalen, geplanten Alltagsgeschehen können wir unsere Energienutzung, aber auch die Fortpflanzung und das Überleben optimieren. Die unterschiedlichsten Lebewesen haben dafür ihren jeweils individuellen Lebensraum gefunden. Manche Lebewesen, zum Beispiel die nachtaktive Maus, haben für ihren aktiven Lebensbereich die schützende Dunkelheit der Nacht gewählt. Das erklärt, warum Mäuse nicht besonders sehstark sind – ihre Augen sind im Vergleich zum menschlichen Auge nicht sehr leistungsfähig – dafür aber mehr auf äußere Impulse, zum Beispiel akustische und olfaktorische, reagieren.

DIE BIOLOGISCHE UHR

Der Mensch wiederum hat sich für den Tag als seinen aktiven Lebenszeitpunkt entschieden. Sein Geruchssinn ist vergleichsweise rudimentär, jedoch immer noch in so genannten „archaischen", d.h. alten, Bereichen des Gehirns konserviert. Mit dem Farbensehen hat der Homo Sapiens das Optimum aus seinen Augen gemacht. Aber auch die Nacht war in unserer Entwicklungsgeschichte ein wichtiger Faktor. Das nächtliche Sehen, das Schwarz-Weiß-Sehen genau abseits vom eigentlichen Sehzentrum im Fokus des Auges, stammt noch aus sehr viel früheren Entwicklungsstufen der Vorzeit des Menschen. Erst im Verlauf der Evolution stellte sich das Farbensehen genau im Fokus des Auges als besonders hilfreich heraus.

Der Mensch ist fast das einzige Lebewesen, das sich freiwillig dafür entscheidet, in modernen Zeiten seinen aktiven Tätigkeitszeitpunkt jenseits seiner biologischen, ja sogar chronobiologischen Prägung zu verlagern. Ohne Zwang würde kaum eine Maus auf die Idee kommen, tagsüber aktiv herumzurennen. Man kann sich ausmalen, wie es um das Wohl, die Gesundheit und das Überleben einer Maus bestellt wäre, die man beispielsweise dazu zwingt, am helllichten Tag in der Fußgängerzone einer Großstadt herumzulaufen. Doch macht die Evolution nicht einmal vor den Nagetieren halt, es gibt mittlerweile berühmte Beispiele von Hasardeuren aus dem Tierreich, die sich zur Optimierung ihrer Nahrungsfindung im Konkurrenzkampf mit Artgenossen in genau diese Bereiche trauen. Ihnen blüht das gleiche Schicksal wie dem Menschen, der plötzlich die Nacht zum Tag macht.

Wer es bis zum heutigen Tag geschafft hat, einen einigermaßen eingependelten Tag-Nacht-Rhythmus einzuhalten, der hat das Glück, seltener Erfahrungen mit Unterbrechungen und Rissen im seinem gesundheitlichen Kontext zu machen als jene, die diese Regeln brechen. Das betrifft beispielsweise die in unserer Gesellschaft überall anzutreffenden Brotverkäufer. Sie müssen bei weitem nicht so früh aufstehen wie die Bäcker selber. Letztere machen im Grunde die Nacht zum Tag. Brotverkäufer nicht. Sie stehen ab kurz vor 6:00 Uhr im Laden, was heißt, dass sie etwa um 5:00 Uhr aufgestanden sind. Damit dies regelmäßig gelingt, versuchen sie, zumindest der Theorie nach, spätestens am frühen Abend im Bett zu sein, um etwa acht Stunden Schlaf zu bekommen. Wer auf Reise über verschiedene Zeitzonen geht, macht mit Schrecken Bekanntschaft mit einem Phänomen, das als Jet-Lag bekannt ist. Schlafstörungen sind die Folge, man wacht nachts auf und ist tagsüber viel zu müde, um sich all die vielen Sehenswürdigkeiten konzentriert ansehen zu können. Bis sich der Rhythmus an die Gegebenheiten vor Ort angepasst hat, muss man wieder abreisen. Zu Hause trifft einen dasselbe Schicksal ein zweites Mal. Viel zu spät wacht man auf, viel zu spät ist man müde.

Wundert es an dieser Stelle, wenn man plötzlich im Kontext der Reise auch Gewicht zunimmt? Die Studie, von der oben die Rede war, weist genau dies nach. Schichtarbeiter trifft es umso schlimmer. Es gibt mehr als nur eine Studie, die nachweist, dass Schichtarbeiter ein deutlich erhöhtes Risiko für Übergewicht, aber auch Herz- und Kreislauferkrankungen haben. Aber auch psychische Erkrankungen, von milden Depressionen bis hin zu Burn-Out sind linear mit diesen Dysruptionen verquickt.

In der Medizin gibt es einen Merkspruch, der dem Studierenden die Gewichtung von verschiedenen Krankheiten wie einen Leitfaden darstellen soll. Dieser Spruch lautet: Das Häufige ist häufig, das Seltene ist selten. Wen wundert es also in diesem Zusammenhang, dass ausgerechnet Übergewicht als primäre Erscheinung des metabolischen Syndroms gerade bei jenen besonders vorrangig augenscheinlich wird, die sich nicht an die Vorgaben der Chronobiologie halten und den Zeitraum, zu dem sie bereits zu Zwecken der Regeneration im Bett liegen sollten, intensiv zu tagaktivem Geschehen gestalten.

Manche übertreiben es sogar in der Hinsicht, dass sie in ihrer Freizeit den Tag noch mehr verlängern, indem sie ohne Not und Zwang noch lange vor großen, hell leuchtenden Bildschirmen verweilen. Hier haben wir eine Verknüpfung zu einem weiteren wichtigen Hormonsystem: zwischen Serotonin und dem Schlafhormon Melatonin. Die kleine Zirbeldrüse, die in anderen Sprachen mit Pinienkernen verglichen wird, wird niemals in der Lage sein, ausreichende Mengen unseres schlaffördernden und regenerationsfördernden Hormones Melatonin auszuschütten, solange über die Pupille eine große Menge Licht in das Gehirn gestrahlt wird.

» Sonnenlicht beeinflusst so gut wie alle unsere biologischen Funktionen «

Dieser kleine biochemische Ausflug erklärt, wie Sonnenauf- und Sonnenuntergang Einfluss auf so ziemlich alle unsere biologischen Funktionen ausüben, die dann über hormonelle Wege Informationen in das restliche Gehirn weitergeben, die wiederum die Entscheidungen auf individueller Ebene aus dem Gehirn in unsere Organe weiterleiten.

UNSER BIOLOGISCHER RHYTHMUS

Ziel der biologischen Uhr ist es, uns zu koordinierten Rhythmen und Verhaltensmustern zu führen. Schlaf und Wachsein, Essen und Fasten sowie die Körperkerntemperatur seien hier nur als Beispiele für Rhythmen angeführt, die über diese innere Uhr kontrolliert werden, um auf diese Art und Weise unseren 24-Stunden-Tag mit dem Sonnengeschehen zu koordinieren. Über viele Jahrtausende sicherte dieser Rhythmus unsere Überlebensfähigkeit und unsere Widerstandskraft. Die vorhandene Energie aus den spärlichen Lebensmitteln, die uns zur Verfügung standen, konnte zielgerecht und sehr effizient verwendet werden.

» Heute machen viele künstliche Lichtquellen die Nacht zum Tag «

Zur Veranschaulichung mag man an ein Auto denken. Auch dort versucht man, mit möglichst wenig Kraftstoffverbrauch möglichst viele elektronische Informationen aus den Instrumenten zu erhalten, ganz abgesehen von der Freude an einem kraftvoll durchziehenden Motor. Der Evolution ist eine solche Regulierung von Energieverbrauch und Output mit der Chronobiologie hervorragend gelungen. Die Energiereserven dienten lediglich dem Notfall, wenn der Fressfeind plötzlich vor der Tür stand.

Dieses biologische Überleben steht in einem sehr engen Zusammenspiel mit wichtigen Faktoren, die sich wie ein Leitfaden durch dieses Buch ziehen: Zuckerstoffwechsel und insbesondere die Koppelung an Insulin. Viele englischsprachige Studien der Chronobiologie sprechen sogar wortwörtlich von der deutschen Formulierung: „Zeitgeber".

Manche für das Überleben besonders wichtige Systeme scheinen sogar ihren eigenen, von Licht und Dunkelheit unabhängigen chronobiologischen Rhythmus autark beibehalten zu haben. Einige Forschungsergebnisse deuten darauf hin, dass beispielsweise weiße Blutkörperchen, aber auch Herz- und Lungenfunktion, Leberzellen und sogar Fettzellen bzw. auch Bauchspeicheldrüsenzellen ziemlich resistent sind gegen einen von Licht und Dunkel gesteuerten zirkadianen Rhythmus. Sie haben sich ihren eigenen, von Licht und Dunkelheit völlig unabhängigen, aber nach wie vor existierenden circadianen Rhythmus erhalten.

Dennoch wissen wir, dass Melatonin, das ja durch den Wechsel Hell-Dunkel reguliert wird, diese Funktionen beeinflussen kann. Bedenkt man nun, dass in unserer Zeit viele Lichtquellen die Nacht zum Tage machen, wird verständlich, dass diese Geräte negativen Einfluss auf unseren Metabolismus und somit unsere Gesundheit haben können. Diese Lichtquellen sind nicht nur die klassische Nachttischlampe am Bett, sondern auch das Smartphone und das Laptop oder der Fernseher im Schlafzimmer. Erst wenn diese zu 100% abgeschaltet bzw. besser noch aus dem Schlafzimmer verbannt sind, hat man eine Chance auf natürliche Dunkelheit.

Schließlich gibt es auch hier eine lineare, chronobiologisch nachteilige Verbindung von widernatürlich hellen Lichtquellen am Abend und den mangels adäquater, natürlicher Melatoninproduktion resultierenden Schlafstörungen zum Essverhalten und zum Gewicht. Unsere innere Uhr verschiebt sich, die rhythmisch getaktete Ausschüttung der Hormone gerät durcheinander, die Impulse für Hunger, Sättigung und Aufbau von Speicherfett laufen anders ab als vorgegeben.

IN DIESEM KAPITEL:

› WAS IST DIE CHRONODIÄT?

Wie der Zeitpunkt der Nahrungsaufnahme unser Gewicht beeinflusst

Auf die Kalorien kommt es gar nicht so sehr an

› WARUM FUNKTIONIERT DIE CHRONODIÄT?

Back to the roots

Ein Hormonkonzept

Zurück zur Natur der Urahnen

› SO FUNKTIONIERT DIE CHRONODIÄT

› DIE TOP-15-LEBENSMITTEL AUS CHRONOBIOLOGISCHER SICHT

› DIE JAHRESZEIT DECKT DEN TISCH

Saisonkalender

Weitere wichtige Lebensmittel aus der Natur

› FETTBLOCKER

Wie werde ich meine Fettpolster los?

» Genussvoll und gesund essen zum richtigen Zeitpunkt! «

DIE CHRONODIÄT

WAS IST DIE CHRONODIÄT?

Wenn wir von Chronodiät sprechen, wollen wir in erster Linie nicht eine neue Form von Diät populär machen oder auf den Markt bringen. Allenfalls beziehen wir uns dabei auf den griechischen Ursprung des Wortes „diaita" für „Lebensführung" bzw. „Lebensweise". Uns liegt mehr daran, Verständnis zu vermitteln für das Natürliche unserer genetischen Mitgift, um gesund und frei von Krankheiten zu leben. Mit unserem Buch wollen wir dem Leser Eigenkompetenz in gesundheitlichen Fragestellungen vermitteln.

„Alle Wege führen nach Rom", sagt man so schön und hat dabei das Bild des Wegweisers im Kopf, welcher den Weg nach Rom in allen vier Richtungen einer Straßenkreuzung ausschildert. Egal, welchen davon Sie einschlagen: Der Wegweiser weist Ihnen eine Richtung, aber er begleitet sie nicht. Und so mancher Wegweiser hat nur das Ziel, Sie an einer scheinbar besonders schönen Taverne vorbeizuführen, welche der suchende Wanderer für sein üppiges Gelage und die Nacht aussuchen soll.

» Wir wollen Eigenkompetenz in Ernährungsfragen vermitteln «

Selten gibt es einen Rat, der nicht eine kommerzielle Absicht beinhaltet. Ist Ihnen schon einmal aufgefallen, dass die meisten Diätratgeber zugleich etwas verkaufen wollen? Beispielsweise eine Mitgliedschaft, die Sie zur regelmäßigen Teilnahme an konspirativen Treffen mit Preisgabe Ihrer Gewohnheiten und dem Outing in der Gruppe berechtigt. Oder den Erwerb schlecht schmeckender Formula-Diät-Pulver, die Sie niemals über die weitere Lebenszeit als Grundnahrungsmittel beibehalten werden. Alternativ die „individuelle" Erstellung von strikten Mahlzeitenplänen, die Sie zum Verzehr exotischer Proteinquellen drangsalieren. Auch gibt es Programme, die Sie zum Darben bis zur Selbstkasteiung nötigen. Verbote zeigen phasenweise gute Wirkung. Doch war nicht das Verbot bereits die Grundlage des ersten literarisch dokumentierten Sündenfalls?

Wer kennt ihn nicht, den Jo-Jo-Effekt, der hinter jeder Diät steckt? Eines ist klar: Der menschliche Organismus ist das Resultat eines seit Jahrmillionen laufenden Evolutionsprozesses, der mit Sicherheit noch längst nicht abgeschlossen ist. Mit wenigen Ausnahmen gab es in der Entwicklungsgeschichte der Lebewesen dieses Planeten eines jedoch bislang nicht: ein unbeschränktes Überangebot von enorm energiedichten Nahrungsmitteln.

Die Chronodiät ist keine neu erfundene bzw. speziell entwickelte Diät im klassischen Sinne, sondern eher die logische Konsequenz aus den Forschungsergebnissen des neuen Wissenschaftsgebietes der Chronobiologie: Es nicht nur wichtig, wie viel wir essen, sondern vielmehr, wann wir was essen. Bestimmte biologische Rhythmen im Laufe eines Tages fordern unterschiedliche Nahrungsmittel: Beispielsweise brauchen wir am Morgen vor allem Kohlenhydrate, abends Proteine und mittags eine gesunde Mischkost.

Mit der Chronodiät reagieren wir auf die chronobiologisch gepulsten, rhythmischen, jedoch zu unterschiedlichen Zeiten stattfindenden Ausschüttungen diverser Hormone, die unser Hunger- und Sättigungsgefühl im Laufe eines Tages steuern.

Wer beispielsweise morgens, wenn überdies der Cortisolspiegel hoch ist, mittels der stark erhöhend in den natürlichen Insulinrhythmus einwirkenden Kombination von Kohlenhydraten und Proteinen (Müsli mit Milch) frühstückt, also zur falschen Zeit auch noch das Insulin unnötig hochtreibt, riskiert, dass ihm wertvolle Bestandteile der Lebensmittel nicht für die vormittägliche Energiebereitstellung zur Verfügung stehen. Kohlenhydratverzehr abends bedingt chronobiologisch vermeidbare nächtliche Unterzuckerungsphasen mit dem Risiko späterer Demenz, aber auch Muskel- und Kraftverlust.

Jüngst wurde nachgewiesen, dass die Tagesrhythmik von Cortisol deutlich von der Zusammensetzung unserer Nahrung beeinflusst wird. Es konnte gezeigt werden, dass fettreiche und kohlenhydratarme Kombinationen im Gegensatz zu einer sehr kohlenhydratreichen und fettarmen Kostform die Cortisol-Tageskurve verschiebt und deutlich höher ausfallen lässt. Überdies wurde das Aktivitätsmuster von Genen modifiziert, die bei Entzündungsreaktionen relevant sind.

Chronodiät ist die Art und Weise der Nahrungsaufnahme, die wir mit Blick auf unsere genetische Mitgift praktizieren sollten, um die biologischen Rhythmen optimal auszunutzen. Dank Chronodiät gelingt es, unserem Organismus Routine statt Chaos zu vermitteln und damit einer chronischen Dauerausschüttung von Stresshormonen und weiteren negativen Stoffen entgegenzuwirken. Dauerstress, krankhafte und krank machende hormonelle Dysbalancen, also grobe Abweichungen von der normalen Pulsation, sind eine wesentliche Facette bei der Entstehung von Übergewicht und den weiteren Erkrankungen des metabolischen Syndroms.

» Die Chronodiät nutzt unsere biologischen Rhythmen optimal «

WIE DER ZEITPUNKT DER NAHRUNGSAUFNAHME UNSER GEWICHT BEEINFLUSST

Die meisten Studien, aber insbesondere praktisch alle Ernährungsprogramme, die stets eine Umstellung der Lebensgewohnheiten empfehlen, konzentrierten sich in erster Linie nur auf die Kalorienaufnahme und den Energieverbrauch. Erst in den letzten Jahren kam anhand von Tierversuchen und interessanten, oftmals unbekannten Studien zum Vorschein, dass die Energieregulation, also der Verbrauch oder die Einspeicherung von Energie, an den tageszeitlichen

Rhythmus unserer inneren Uhr geknüpft sind. Und dies ganz konkret auf molekularer, physiologischer und verhaltensbiologischer Ebene. In einer zusammenfassenden Veröffentlichung aus dem Jahr 2009 wurde zum ersten Mal mit großer Aufmerksamkeit publiziert, was die Forschungsergebnisse der Jahre davor zusammengetragen haben. Dabei geht es um die Chronobiologie als wichtigsten Faktor bei der Gewichtszunahme.

Diese Studie war die erste, die nachweisen konnte, dass dieselbe Nahrungszufuhr zu einem Zeitpunkt, der dem Rhythmus des Lebewesens nicht entspricht, zu einer signifikant höheren Gewichtszunahme führt. Konkret bedeutet diese signifikant höhere Gewichtszunahme: extremer Aufbau von Speicherfettgewebe.

AUF DIE KALORIEN KOMMT ES GAR NICHT SO SEHR AN

Allen, die mit ihren Diäten, Ernährungsplänen und Essensvorschlägen nur Kalorien zählen, sei mit Blick auf diese Studie mit auf den Weg gegeben: Auf die Zahl der Kilokalorien kommt es beim Abnehmen gar nicht so an!

» Essen zum falschen Zeitpunkt macht dick «

Ernährungsprogramme und Diäten, die schnödes Zählen von Kalorien oder bunte Punkte zur Grundlage haben, sind ewig gestrig, weil sie die Chronobiologie nicht berücksichtigen und damit das hormonelle Geschehen im Körper negieren. Natürlich spielt die alte Maßeinheit für Energie, die Kalorie, auch in der Chrononutrition eine nicht außer Acht zu lassende Rolle. Aber eher im Sinne der Bedarfsdeckung und weniger im Sinne einer Vermeidung. Selbst beispielsweise die Energie von zwei Scheiben Brot zu viel muss nicht zwingend im Körperfett landen, sondern kann in den Bedarf an Körperwärmeproduktion eingepflegt werden. Entscheidend ist das richtige zeitliche Planen. Perfect timing nennt man das auf Englisch. Wir bezeichnen es als Chronobiologie.

Mit dem Gesagten wird auch klar, dass Verbraucherschützer die Verbraucher nicht schützen, sondern in die Irre führen. Denn auf allen Lebensmittelverpackungen steht, mittlerweile gesetzlich gefordert, immer nur die Zahl der Kilokalorien, der Fettanteil, der Eiweißanteil, der Kohlenhydratanteil, aus denen man wieder die gesamte Energie des Nährstoffes berechnen kann. Doch Chronos, der Gott der Zeit, kennt kein Erbarmen. Zum falschen Zeitpunkt gegessen, kann jede Speise zu einer wahren Gewichtsbombe werden.

Die Wissenschaftler um Deanna M. Arble, die 2009 die oben erwähnte Studie publizierten, veröffentlichten ein Jahr später Studien, die belegen, dass die Abkehr des modernen Menschen von der ursprünglich zweiphasigen Tagesplanung (Tag/Nacht) des Homo Sapiens zu den bekannten Erscheinungen der metabolischen Erkrankungen, also der Stoffwechselentgleisungen, führen muss.

WARUM FUNKTIONIERT DIE CHRONODIÄT

Die Missachtung biologischer Rhythmen der Chronobiologie führt zu einer Modulation der endogenen Schrittmacher, sowohl auf der Ebene des Gehirns, wo unser Haupt-Taktgeber sitzt (Masterclock), als auch auf der Ebene des peripheren Gewebes, dem Sitz der „slave clocks". Darüber hinaus werden taktgebende Stoffwechsel-Gene in ihrer Expression, also der Verarbeitung ihrer gespeicherten Informationen, stark beeinflusst.
Piloten im Cockpit können vorprogrammierte Abläufe im Flugzeug willentlich „overriden" (von: to override, sich absichtlich über etwas hinwegsetzen). Ähnlich verfährt der moderne Mensch mit seiner biologischen Programmierung.

BACK TO THE ROOTS

Erst wenn wir wieder eine ursprüngliche Steuerung zulassen, können wir in die natürlichen Abläufe zurückfinden. Ähnlich den Zahnrädern einer guten Uhr greifen hier verschiedene Mechanismen besonders effektiv ineinander. Neben dem Beachten einfacher Regeln in Hinblick auf die Nahrungszufuhr, die richtige Wahl des Essenszeitpunktes, die Häufigkeit von Mahlzeiten im Gefolge der Chronobiologie, der Zusammensetzung der Speisen bezüglich der Makronährstoffe ist auch ein ausreichender, erholsamer und in das Zeitschema der Chronobiologie passend eingefügter Schlaf unerlässlich.
Bereits aus dem Titel unseres Buches geht hervor: Die Chronodiät zielt darauf ab, sich satt zu essen und dennoch schlank zu sein oder zu werden. Immanuel Kants Schüler, der deutsche Philosoph und Autor Artur Schopenhauer, schrieb eine interessante Feststellung über die Wahrheit: „Alle Wahrheit durchläuft drei Stufen. Zuerst wird sie lächerlich gemacht oder verzerrt. Dann wird sie bekämpft. Und schließlich wird sie als selbstverständlich angenommen." Noch vor kurzem wurden Chronobiologen und Chronomediziner lächerlich gemacht oder ihre Äußerungen verzerrt. Selbst biologische Fakten, beispielsweise das Insulin-Trennkost-Prinzip, werden heute noch von jenen bekämpft, deren Forschungsgelder aus der Nahrungsmittelindustrie stammen. Doch sollte heute als selbstverständlich angenommen werden, was wir gesichert über die innere Uhr und ihren Einfluss als Steuerungsfaktor auf die Hormonausschüttungen in unserem Körper wissen.

» Besinnen wir uns wieder auf unsere biologischen Rhythmen! «

Seit Jahrzehnten werden die Menschen immer älter und sogar größer. Doch dies ist leider nicht verquickt mit einem Zugewinn an Lebensqualität in der zusätzlich erreichten Altersspanne. Die Pharmaindustrie, ein sicherlich wohlverdienter Zweig der medizinischen und wissenschaftlichen Forschung, tut hier ihr Übriges.

Hormone stehen nicht lebenslang in der wunschgemäßen Menge bereit. Doch wir brauchen sie dringend. Zur Regeneration der Knochen- und der Funktionszellen, zur Regulierung des Stoffwechsels, der Körperfunktionen und des Schlafes, der mit Stress und zunehmenden Lebensjahren immer schlechter wird und dabei doch eine wichtige Stellschraube des Wohlbefindens und der Regeneration darstellt. Ein „Instrument", hier im Kontext zum Beispiel das evolutionäre Überlebens- und heutige Krankmach-Hormon Insulin, kann untergehen im Reigen eines gesamten Orchesters von wenigstens 156 anderen Hormonen, oder, um im Bild zu bleiben: Instrumenten. Das macht es Kritikern leicht, im Schopenhauer'schen Wortsinn, zu sagen: Wir hören nichts, also ist da nichts.

» Chronodiät hilft, das Leben genussvoll zu bereichern «

EIN HORMON-KONZERT

Die anderen „Instrumente" unterliegen einer tages-, wochen-, monats-, jahres- und sogar lebenszeitlichen Taktung und eben nicht nur einer auf eine einzige Nahrungsaufnahme oder spezifische metabolische Störung beschränkte Über-/Unterproduktion wie die „erste Geige" Insulin. Erst die gekonnte Orchestrierung durch einen cleveren Dirigenten, in diesem Fall den Chrono-Mediziner, kann aus der Kakophonie der einzelnen Impressionen eine Symphonie machen.

Die Chronodiät berücksichtigt nicht nur diese „erste Geige" Insulin, sondern das gesamte Orchester der weiteren Hormone in ihrem chronobiologischen Kontext und erreicht mit diesem Wissen auf vielleicht nicht für alle leicht verständliche, auf jeden Fall aber mit professioneller Hilfe und Unterstützung des Arztes nachvollziehbare Weise jeden, der sich für diese gesicherte Wahrheit interessiert, ohne dass sie erst lächerlich gemacht oder gar verzerrt, im schlimmsten Fall sogar bekämpft werden muss, bis sie endlich dann als selbstverständlich angenommen wird, wenn es für einige Patienten schon zu spät ist.

ZURÜCK ZUR NATUR DER URAHNEN

Kalorien- und Punktezählen ist hinfällig. Selbst eine Uhr muss niemand tragen, der zeitlos glücklich ist. Lassen Sie äußere Impulse der Natur wie Licht und Temperatur wieder auf sich wirken. Folgen Sie dem chronobiologischen Wechselspiel hormoneller Impulse und vergessen Sie, dass man Ihnen weißmachen will, fünfmal am Tag zu essen sei gesund. Mit drei den Energiebedarf deckenden Mahlzeiten und einer sinnvollen Kombination der Makronährstoffe lassen sich entgleiste Stoffwechselparameter des metabolischen Syndroms auch dann bessern, wenn sie bereits im Argen liegen; im besseren Fall vermeiden Sie den Weg in den Krankheitskomplex.

Die Chronodiät ist also keine Diät im klassischen Sinn der heutigen Wortbedeutung, keine Modeerscheinung. Die Rückbesinnung auf biologische Rhythmen ist der Weg (zurück) in einen geregelten Lebensstil, auf den die Bezeichnung „add years to life and life to years" (füge Jahre dem Leben, aber auch Leben den Jahren hinzu) wohl am besten passt. Denn es geht in der chronobiologischen Prävention nicht nur darum, kraft potenter Medikamente die Lebensspanne (mit Krankheiten an der Backe) zu verlängern, wenn wir gleichzeitig an Lebensqualität einbüßen müssen. Mittels der Chronobiologie, der Chronodiät und eines Lebensablaufs, welcher möglichst frei von Chaos ist, gelingt es, die zusätzlichen gesunden Jahre mit genussvollem Leben zu bereichern. Das kann dauerhaft gelingen und ist, verglichen mit kurzzeitigen „Diäten", leicht zu fassen und leicht zu halten.

SO FUNKTIONIERT DIE CHRONODIÄT

Die hier beschriebene Diät bzw. Ernährungsweise unterscheidet sich maßgeblich von vielen anderen Diäten. Während andere Diäten vor allem darauf ausgerichtet sind, eine Kalorienreduzierung zu erreichen, sei es durch eine generelle Einschränkung oder durch den Verzicht auf bestimmte Nahrungsmittel, kommt es bei der Chronodiät nicht in erster Linie darauf an, wie viel ich am Tage esse, sondern, zu welcher Uhrzeit ich welche Nahrung zu mir nehme.

Erste und wichtigste Grundregel ist: Es gibt nur drei Mahlzeiten, Frühstück, Mittagessen und Abendmahlzeit. Snacks zwischen diesen Mahlzeiten sind nicht erlaubt, da sie das hormonelle Gefüge nicht nur maßgeblich stören, sondern auch die aufgenommene Energie sofort in den bestehenden Fettpolstern einlagern. Nur wenn auseichend Zeit zwischen den Mahlzeiten liegt, d.h. jeweils fünf bis sechs Stunden zwischen Frühstück und Mittagessen und zwischen Mittag- und Abendessen sowie ca. 12 Stunden zwischen Abendessen und Frühstück, hat der Körper die Möglichkeit, die tief im Inneren angelegten Fettreserven anzugreifen und abzubauen.

Gleichzeit ist auch zu berücksichtigen, was wir bei den verschiedenen Mahlzeiten zu uns nehmen. Da unser Organismus die drei Hauptbestandteile der Nahrung – Zucker, Fett und Proteine – zu unterschiedlichen Tageszeiten unterschiedlich verarbeitet, muss sich die Zusammensetzung der Mahlzeiten den jeweiligen Bedürfnissen anpassen. Konkret heißt dies, dass wir am Morgen vor allem Kohlenhydrate in Form von Zucker bzw. Stärke benötigen.

» In der Chronodiät gibt es nur drei Mahlzeiten am Tag «

Idealerweise sollte der Zucker nur langsam aufgenommen werden, um unnötig hohe Insulinspitzen zu vermeiden. Erreicht werden kann dies zum Beispiel, indem vorzugsweise Vollkornprodukte verwendet werden. Auch geringe Mengen an Fett können die Aufnahme von Zucker positiv beeinflussen, weshalb ein gewisser Anteil an Fett am Morgen sinnvoll ist.

Tierische Proteine wie Milch, Eier, Käse oder Wurst hingegen sollten morgens nicht konsumiert werden, da sie zu diesem Zeitpunkt eher hinderlich sind. Mittags hingegen ist alles erlaubt, was einem schmeckt, seien es Kartoffeln oder Nudeln kombiniert mit Fisch oder Fleisch mit Obst oder Gemüse. Lediglich bei der Menge sollte man etwas aufpassen, da ein zu üppiges Mahl zur sogenannten „post prandialen Müdigkeit“ führen könnte, die zu Leistungsminderung in der zweiten Tageshälfte führen kann.

Zum Abend hin stehen proteinreiche Mahlzeiten auf dem Menüplan, auf Zucker bzw. Stärke wird verzichtet. Ziel ist es, durch solche Nahrungsmittel dem Körper einerseits genügend Aminosäuren, aus denen die Proteine ja bestehen, zuzuführen und ihn andererseits nicht mit Zucker zu überschwemmen. Nur so gelingt es, den Körper bereits durch die Nahrung auf die anstehende Ruhephase vorzubereiten und es ihm zu ermöglichen, seinen Metabolismus so umzustellen, dass während der nächsten 12 Stunden kein größeres Hungergefühl entsteht.

Für alle, die im Schichtdienst arbeiten, gilt eine sehr einfache Regel, die darauf beruht, dass der Organismus drei bis vier Tage benötigt, um sich auf einen neuen Rhythmus einzustellen: Liegen lediglich ein bis zwei Tage Schichtarbeit vor einem, ist es ratsam, das oben beschriebene Schema – Frühstück am tatsächlichen Morgen, Mittagessen zur Mittagszeit und Abendbrot ab Abend – unverändert beizubehalten. Wenn jedoch ein längerer Schichtwechsel, beispielsweise für mehr als fünf bis sieben Tagen, ansteht, ist es sinnvoll, die Mahlzeiten diesem neuen Rhythmus anzupassen. Dabei gilt es, die „süße", kohlenhydratreiche Mahlzeit direkt nach dem Aufstehen einzunehmen, fünf Stunden später die Mischkost und vor der neuen Schlafenszeit dann die proteinreiche Kost. Personen, die gezwungen sind, in rotierenden Schichten zu arbeiten, sollten, soweit es das soziale Umfeld erlaubt, ihre Mahlzeiten dem jeweiligen Tagesrhythmus anpassen.

» Snacks zwischen den Mahlzeiten sind nicht erlaubt «

Oftmals stellt sich auch die Frage, ob die Ernährung abrupt und zu 100% umgestellt werden muss. Hier gilt: Es ist gut, wenn möglichst alle Regeln befolgt werden, aber bitte ohne Zwang. Wem es nicht gelingt, von Anfang an das Prinzip der chronobiologischen Ernährung einzuhalten, der sollte versuchen, es sich für ein oder zwei Tage pro Woche zu eigen zu machen. Bereits am darauffolgenden Tag ist zu spüren, dass die Umstellung einen gewissen Energieschub bringt. Hat man diese Ernährungsumstellung an ein bis zwei Tagen pro Woche für wenige Zeit durchgehalten, wird es einem zunehmend leichter fallen, das System auch auf die übrigen Tage der Woche zu übertragen.

Noch ein Tipp: Sollte der Hunger zwischen den Mahlzeiten sehr groß werden, sollte man nicht gleich zu etwas Essbarem greifen, sondern eher etwas Zuckerfreies trinken, zum Beispiel ungesüßten Tee oder Wasser. Denn nicht nur das Sättigungsgefühl ist etwas Natürliches, sondern auch das Hungergefühl zwischen den Mahlzeiten. Oftmals muss sich jedoch der Körper erst wieder daran gewöhnen, bis sich sein Metabolismus adäquat darauf einstellen kann.

DIE TOP-15-LEBENSMITTEL AUS CHRONOBIOLOGISCHER SICHT

1 NÜSSE

Vertreter: Nüsse, insbesondere Walnüsse, sind aus chronobiologischer Sicht ein Top-Lebensmittel. Ihr Aussehen ähnelt dem des Großhirns mit all seinen Furchen und Wölbungen, weshalb schon in der Frühzeit vermutet wurde, die Walnuss könne die Hirnfunktion unterstützen.
Inhaltsstoffe: Analysen haben belegen können, dass der hohe Gehalt an Omega-3-Fettsäuren positive Auswirkungen auf die menschliche Hirnaktivität hat. Heute wird der fast tägliche Verzehr (fünfmal pro Woche) von bis zu 30 Gramm als hilfreich angesehen.
Funktion: Neben dem bereits erwähnten positiven Einfluss auf die Gehirnaktivität werden dem Verzehr von Walnüssen auch weitere Nutzen zugeschrieben. Einerseits weisen sie Inhaltsstoffe mit starker anti-oxidativer Kapazität, die viele freie Radikale abfangen und somit den Körper vor Schäden bewahren können, andererseits haben sie auch positive Einflüsse auf die Fettzusammenstellung im Blut. Hervorzuheben wäre hier insbesondere die Eigenschaft, den Cholesterinspiegel zu senken.

› Chrono-Zeitpunkt: Walnüsse kann man entweder morgens, zusammen mit Obst oder Müsli, zu sich nehmen oder abends als Zusatz für Salate oder als Abschluss der Abendmahlzeit genießen.

2 SÜDFRÜCHTE

Vertreter: Bekanntester Vertreter dieser Gruppe ist sicherlich die Orange. Aber auch die Vitaminlieferanten Zitrone, Grapefruit und Mandarine gehören zu dieser Familie. Weniger bekannt ist die Zwergorange, auch Kumquat genannt.
Inhaltsstoffe: Speziell während der Winterzeit sind Südfrüchte ein hervorragender Vitalstofflieferant, nicht nur für Vitamin C. Sie enthalten darüber hinaus weitere Vitamine und viele andere sekundäre Pflanzenstoffe.
Funktion: Auf Grund ihres hohen Vitamingehaltes werden Südfrüchten unterschiedlichste Nutzen zugeschrieben. Sie dienen vor allem als so genannte Radikalfänger und Modulatoren des Immunsystems. Weniger bekannt sind jedoch ihre positiven Eigenschaften für das kardio-vaskuläre System, da sie einerseits die Gefäße vor Verkalkungen und anderen Schäden schützen und andererseits die Funktion des Herzens günstig beeinflussen können. Unabhängig davon deuten einige Untersuchungen darauf hin, dass der Verzehr dieser Früchte den Cholesterinspiegel senkt.
Zubereitung: Entsaften ist nicht die optimale Zubereitungsart für Südfrüchte, sondern der Verzehr der Frucht als Ganzes. Wird Saft hergestellt, so wird der Fruchtzucker bereits in gelöster Form aufgenommen, was eine unerwünscht hohe Insulinausschüttung auslösen könnte. Will man auf den Genuss von frischem Obstsaft nicht verzichten, hilft es, ein bis zwei Teelöffel von zum Beispiel Leinsamenöl beizumengen. Mit diesem Trick wird die Zuckeraufnahme verlangsamt und es kommt nicht zu einer überhöhten Insulinausschüttung.

› Chrono-Zeitpunkt: Der ideale Zeitpunkt des Verzehrs ist am Morgen, beispielweise zum Frühstück.

3 GRÜNE NAHRUNGSMITTEL

Vertreter: Spinat, Brokkoli, Mangold und alle Sorten von grünem Blattsalat sollten täglich auf dem Speiseplan stehen.

Inhaltsstoffe: Auch wenn Spinat nicht, wie oftmals gedacht, äußerst reich an Eisen ist, enthalten doch alle grünen Gemüse- und Salatsorten einen hohen Anteil an Mineralien, Vitaminen, sekundären Pflanzenstoffen und Ballaststoffen. Diese Zusammensetzung an Mikro- und Makronährstoffen ist dafür verantwortlich, dass der Verzehr dieser Produkte viele positive Eigenschaften für unsere Gesundheit besitzt.

Funktion: Einerseits dienen grüne Gemüse und Salate als Lieferanten von Vitaminen und Mineralien, andererseits unterstützen sie aufgrund der in ihnen eigenen sekundären Pflanzenstoffe das körpereigene Abwehrsystem. Ähnlich wie bei den Hülsenfrüchten dienen die Ballaststoffe, die sie enthalten, der Normalisierung der Darmfunktion.

» Grüne Gemüse und Salate unterstützen das Abwehrsystem «

Zubereitung: Zubereitet werden können diese Produkte in unterschiedlichster Weise: Salate eignen sich überwiegend als Rohkost, angerichtet mit einem Dressing. Beim Kochen/Dünsten sollte darauf geachtet werden, dass das verwendete Wasser mitverwendet wird. In ihm sind wasserlösliche Vitamine enthalten, die bei Nicht-Gebrauch verloren gingen. Eine dritte Zubereitung ist die Verwendung in so genannten „grünen Smoothies“: Durch die sehr feine Zerkleinerung des Rohstoffes werden die Zellen der Pflanzen aufgebrochen. In den Zellen befindet sich der Zellstoff, der die Pflanzen grün erscheinen lässt und als Chlorophyll bekannt ist. Chlorophyll ist für diese Pflanzen von extremer Wichtigkeit, da es bei der Energiegewinnung der Pflanzen eine essentielle Rolle spielt. Erst seit kurzem ist bekannt, dass auch der Mensch von dieser Substanz profitieren kann, jedoch nur, wenn sie ihm verfügbar gemacht wird. Mit dem Aufbrechen der Pflanzenzellen, ohne sie dabei durch Hitze, wie es beim Kochen geschieht, zu schädigen, kann dies erreicht werden. Zukünftige Studien müssen noch genauer untersuchen, was dabei genau passiert und wie hoch der Nutzen für uns Menschen ist.

› Chrono-Zeitpunkt: Der Verzehr in roher Form sollte überwiegend zu Mittag stattfinden, da dadurch verhindert wird, dass es zu einer Vergärung in den Nachtstunden kommt, die sich negativ auf den Schlaf auswirken könnte. Gekocht oder gedünstet können diese Speisen sowohl mittags als auch abends verzehrt werden. „Grüne Smoothie“ sollten am besten morgens getrunken werden.

4 FLEISCH

Inhaltsstoffe: Über den etwaigen Nutzen bzw. das erhöhte Risiko eines täglichen Fleischverzehrs streiten sich nach wie vor die Gelehrten. Unstrittig ist, dass in unserer Gesellschaft der Fleischverzehr zu hoch ist. Ein kompletter Verzicht auf Fleisch ist aber nicht empfehlenswert, da bestimmte Aminosäuren nur in tierischen Proteinen vorkommen.

Qualität vor Quantität: Eine Fleischart, die seit längerem empfohlen wird, ist Truthahnfleisch. Speziell das Brustfleisch von freilaufenden Truthähnen kann daher in die Liste der Top 15 mit aufgenommen werden. Alternativ kann auch Hähnchenbrust verwendet werden, jedoch sollte in diesem Fall die Haut entfernt werden, da in bzw. direkt unter dieser ein hoher Fettanteil zu finden ist.

Funktion: Einig sind sich die Wissenschaftler, dass ein gemäßigter Verzehr von Fleisch positive Auswirkungen auf unsere Gesundheit haben kann, insbesondere auf Herz-Kreislauf-Erkrankungen. Aufpassen sollte man hingegen bei verarbeiteten Fleischprodukten wie Wurstwaren, da diese oft einen sehr hohen Salzanteil haben, was sich wiederum negativ auf das Herz-Kreislauf-System auswirken wird.

Zubereitung: Sowohl gebraten als auch gegrillt oder langsam geschmort, eignet sich Fleisch sowohl als Hauptgang mit Gemüse oder als Zusatz für einen bunten Salat.

› Chrono-Zeitpunkt: Insgesamt sollte sich der Verzehr von Fleisch auf fünf bis sechs Portionen pro Woche beschränken, wobei dem Konsum am Abend der Vorzug vor dem mittäglichen Verzehr gegeben werde sollte.

5 HÜLSENFRÜCHTE

Vertreter: Die bekanntesten Vertreter sind grüne und weiße Bohnen. Aber auch die Erbse oder, weniger bekannt, Schneeerbsen und Kichererbsen sowie die unterschiedlichen Linsenarten zählen dazu.

Inhaltsstoffe: Alle Hülsenfrüchte besitzen einen hohen Anteil an Ballaststoffen, wertvollen Vitaminen und sonstigen Nährstoffen. Darüber hinaus ist ihr Kaloriengehalt pro Portion äußerst gering und ihr Fettanteil tendiert oftmals gegen Null. Obwohl einige von ihnen einen süßlichen Geschmack haben, ist auch der Zuckergehalt gering.

Funktionen: Der Verzehr von Hülsenfrüchten, egal in welcher Zubereitungsart, kann die Aufnahme von Zucker durch den Magen-Darm-Trakt zum Teil unterbinden. Dies wiederum wirkt sich, wie bereits mehrfach erwähnt, positiv auf die Insulinausschüttung aus und verhindert, dass es zu einer Zunahme von Fettreserven kommt. Gleichzeit ist der hohe Anteil an Ballaststoffen für eine gute Verdauung hilfreich und schützt den Darmtrakt vor etwaigen Erkrankungen. Neuere Ernährungsempfehlungen sagen daher, dass Hülsenfrüchte mindestens drei bis vier Mal pro Woche mit auf dem Speiseplan stehen sollten.

› Chrono-Zeitpunkt: Der ideale Zeitpunkt, Hülsenfrüchte zu genießen, ist mittags oder abends.

6 FISCH

Vertreter: Fisch ist eine wichtige Quelle von Omega-3-Fettsäuren, insbesondere weiße, aus kaltem Wasser stammende Fische. Ein Vertreter dieses Typs ist zum Beispiel der wilde Lachs, aber auch Makrelen, Thunfisch, Sardinen und alle Schalentiere zeichnen sich durch einen hohen Omega-3-Gehalt aus.

Idealerweise sollte das Verhältnis von Omega-3-Fettsäuren zu Omega-6-Fettsäuren 1:2 bis 1:4 betragen. Leider liegt heutzutage der Durchschnitt eines Mitteleuropäers bei 1:20 oder sogar darüber. Schuld daran sind vor allem bestimmte Öle, die in der Küche zum Braten oder Marinieren verwendet werden und einen sehr hohen Anteil an Omega-6-Fettsäuren und zum Teil sehr wenige bis gar keine Omega-3-Fettsäuren enthalten. Hier sind an erster Stelle die so genannten raffinierten Öle zu nennen, beispielsweise Sonnenblumenöl. Kaltgepresste Öle wie Leinöl, Hanföl oder auch Kürbiskern- und Rapsöl haben einen relativ hohen Anteil an Omega-3-Fettsäuren bzw. deren Vorstufe.

Funktion: Ein ausgewogenes Verhältnis zwischen Omega-3- und Omega-6-Fettsäuren ist für unsere Gesundheit von immenser Bedeutung. Zusammenfassen lässt sich dies wie folgt: Omega-3-Fettsäuren sind schützend, anti-entzündlich und cholesterinsenkend. Omega-6-Fettsäuren hingegen bewirken das Gegenteil, denn sie fördern Entzündungen, greifen negativ in den Fettstoffwechsel ein und verändern viele Reparaturprozesse zum Nachteil. So ist es auch nicht verwunderlich, dass sich eine Omega-3-lastige Ernährung in vielerlei Hinsicht bewährt hat: Augenprobleme konnten verbessert, die Gehirnfunktion gesteigert, das kardiovaskuläre System optimiert und Entzündungen unterdrückt werden. Es gibt aber auch bei den Omega-3-Fettsäuren unterschiedliche Qualitäten bzw. Fettsäuren, die besser aufgenommen werden und andere, die weniger gut verfügbar sind. Speziell bei den genannten Fischsorten sind jene Omega-3-Fettsäuren vertreten, die hochaktiv sind und gut aufgenommen werden können.

> **Chrono-Zeitpunkt:** Fisch sollte sehr häufig, am besten fast täglich, auf dem Speiseplan stehen, sei es mittags oder abends.

» Omega-3-Fettsäuren beeinflussen unsere Gesundheit sehr positiv «

7 KAROTTE, KÜRBISGEWÄCHSE UND SÜSSKARTOFFELN

Vertreter: Als Kürbisgewächse bezeichnet man neben dem klassischen Speisekürbis auch Salatgurken, Wassermelonen, Melonen, Senfgurken oder Zucchini. Auch bei Karotten gibt es unterschiedliche Sorten, sowohl die bekannten roten Mohrrüben wie auch gelbe oder blaue Rüben werden zu dieser Gruppe gezählt.

Die Süßkartoffel ist, auch wenn es der Name zu suggerieren versucht, keine Kartoffel, sondern ein Knollengewächs, das ursprünglich aus Südafrika stammt. Heute wird sie vorwiegend in südlichen Ländern angebaut oder aus Übersee als Lagerware importiert.

Inhaltsstoffe: Allen genannten Gemüsesorten ist gemein, dass sie einen hohen Anteil an Carotinoiden enthalten. Darüber hinaus haben sie einen hohen Nährwert, jedoch einen sehr geringem Zuckeranteil.

Funktion: Kürbisse enthalten einen sehr hohen Anteil an guten Omega-3-Fettsäuren und fördern damit die Normalisierung der Blutfette.

Zubereitung: Zubereitet werden können diese Gemüsesorten als Rohkost für Salat, gekocht als Gemüse, als Suppen oder auch gebraten. Einige von ihnen lassen sich auch zu Säften verarbeiten oder finden Verwendung bei der Herstellung von Smoothies. Speziell bei Kürbissen sollte man darauf achten, dass auch ihre Kerne verwendet werden können. Man kann sie entweder rösten oder zu Öl verarbeiten.

› Chrono-Zeitpunkt: Da sie einen geringen Zuckeranteil enthalten, sind diese Gemüse ideal für die Mittags- bzw. Abendmahlzeit.

8 TOMATEN

Die Tomate, die fälschlicherweise oftmals dem Gemüse und nicht dem Obst zugeordnet wird, ist ein Nahrungsmittel, das täglich und zu jeder Tageszeit verzehrt werden kann. Bedenkt man darüber hinaus, dass es mindestens 200 unterschiedliche Sorten gibt, wird klar, dass es nicht immer die Einheitstomate, rund und rot, sein muss.

Inhaltsstoffe: Alle Tomatensorten sind reich an Wasser, Mineralien und Vitaminen. Besonders ein Vitamin, das Lycopen, das sich direkt unterhalb der Schale befindet und für die rote Farbe mitverantwortlich ist, ist hier hervorzuheben.

Funktion: Dem Vitamin Lycopen aus der Klasse der Carotinoide wird eine Vielzahl von positiven Eigenschaften zugeschrieben, wenn auch zum Teil noch kontrovers diskutiert. So soll der Verzehr von Lycopen bei Augenerkrankungen helfen, den Cholesterinspiegel absenken, die Hautalterung verlangsamen und einen gewissen Schutz vor Krebserkrankungen bieten. Interessant in diesem Zusammenhang ist die Tatsache, dass Lycopen erst von der Tomate freigesetzt wird, wenn man sie erhitzt. Somit stellen Tomatenextrakte wie Tomatenmark oder konzentrierte Tomatensuppen eine ideale Quelle für dieses Vitamin dar.

› Chrono-Zeitpunkt: Als fettlösliches Vitamin sollte Lycopen primär morgens verzehrt werden, es kann aber auch bedenkenlos mittags oder abends den Speiseplan ergänzen bzw. als Konzentrat für Saucen und Dressings genutzt werden. Den Einsatz von industriellem Ketchup sollte man jedoch vermeiden, da dieser neben dem Lycopen oftmals einen äußerst hohen Zuckeranteil aufweist.

9 SOJABOHNEN

Im europäischen Raum ist die Sojabohne nicht sehr verbreitet. Ursprünglich aus dem asiatischen Raum stammend, erobert sie aber nach und nach auch diese Region und findet zunehmend Einzug in die hiesigen Küchen. Eine spezielle Soja-Darreichungsform ist Tofu. Zudem gibt es heute auch viele andere Produkte aus Soja wie Joghurt, Drinks, Milchmixgetränke etc.

Inhaltstoffe: Unvergoren, zum Beispiel als Sprossen, kann eine Handvoll Soja so viel Protein liefern wie ein Stück Fleisch. Dies ist als vegetarische Alternative wichtig, um ausreichend Aminosäuren aufnehmen zu können.

Funktion: Wissenschaftliche Untersuchungen konnten belegen, dass sich der Verzehr von ca. 100 Gramm Tofu positiv auf die Prävention der Tumorentstehung auswirken kann. Andere Inhaltsstoffe, die in Soja, aber auch in Rotklee enthalten sind, werden wissenschaftlich Isoflavone genannt. Diese Pflanzenstoffe bewirken bei beiden Geschlechtern, wenn auch in geringerem Ausmaße, eine Abmilderung der Symptome eines Defizits dieser Hormone, ohne dabei deren Konzentration signifikant zu verändern. Speziell mit zunehmendem Alter sinken diese Hormone ab, was zu Hitzewallungen, Herzkreislaufproblemen, Osteoporose oder sogar zu Tumoren führen kann. Ausreichende Mengen an Isoflavonen sollen in der Lage sein, diese Probleme wirksam zu bekämpfen bzw. abzumildern.

› Chrono-Zeitpunkt: Als Proteinlieferant sollte Soja aus chronobiologischer Sicht am ehesten zu Mittag oder am Abend gegessen werden.

10 GETREIDEPRODUKTE

Inhaltsstoffe: Getreideprodukte enthalten eine gewisse Menge an Mineralien, Vitaminen und sonstigen Spurenelementen, bestehen aber vorwiegend aus Stärke und somit aus Zucker. Je nach Art der Verarbeitung wird die Stärke bzw. der Zucker schneller oder langsamer freigesetzt und vom Körper aufgenommen. Als Faustregel gilt: Je langsamer der Zucker freigesetzt wird, desto gesünder ist das Produkt, da es eine geringere Insulinfreisetzung hervorruft.

Getreideprodukte, bei denen das Korn nur geringfügig vorbehandelt wurde, wie bei Vollkornprodukten oder dunklen Sorten, eignen sich daher eher für den Verzehr als jene, die zu sehr hellem Mehl für Weißbrot verarbeitet wurden. Um dennoch nicht ganz auf helle Gebäcke verzichten zu müssen, ist es möglich, durch Zugabe von geringen Mengen an Fett oder Öl die Aufnahme des Zuckers aus diesen Produkten zu verzögern.

› Chrono-Zeitpunkt: Vollkornprodukte bzw. unter bestimmten Bedingungen auch Weißmehlprodukte stellen die ideale Grundlage für das Frühstück dar und versorgen uns mit ausreichend Energie für einen guten Start in den Tag.
Aber auch Reis, Kartoffeln, Polenta oder Nudeln sind reich an Stärke. Ihr Verzehr sollte sich auf den Mittag beschränken, da sie zum Abend hin eher schädlich sind. Auch hier gilt: je naturbelassener, desto gesünder. Deshalb sollte man beispielsweise eher ungeschälten Reis nutzen, die Nudel sollte aus Vollkornmehl sein und die Kartoffel gegebenenfalls mit der Schale verarbeitet werden. Braucht man hingegen Stärkemehl zum Andicken von Saucen oder Suppen, empfiehlt es sich, überwiegend Maismehl zu nutzen, da seine Zuckerbilanz im Vergleich am günstigsten ist.

11 BLAUBEEREN

Blaubeeren, auch Heidelbeeren genannt, sind der Superstar unter den Top-15-Nahrungsmitteln.

Inhaltsstoffe: Blaubeeren sind so reich an Vitaminen wie fast keine andere Obstsorte. Leider sind sie nur für kurze Zeit im Jahr frisch erhältlich. Es hat sich jedoch herausgestellt, dass sie auch im tiefgefrorenen Zustand ihre wertvollen Eigenschaften nicht verlieren, ganz im Gegenteil. Neuste Studien belegen, dass ihre gesundheitsfördernde Wirkung durch das Einfrieren sogar noch gesteigert werden kann.

Funktion: Ernährungswissenschaftler empfehlen heutzutage den täglichen Verzehr von bis zu 100 Gramm der kleinen Beeren. Die Hirnfunktion wird verbessert, Nervenzellen werden vor freien Radikalen geschützt und ein gewisser Schutz vor Alzheimer konnte erreicht werden. Darüber hinaus enthalten Blaubeeren Stoffe, die die Darmfunktion optimieren und einen guten Schutz vor Darminfektionen bieten. Unabhängig davon unterstützen sie die Herzaktivität und somit die Durchblutung. Außerdem helfen sie den Zuckerstoffwechsel zu normalisieren und fördern die Fettverbrennung. Letztlich helfen sie, die giftigen Schwermetalle, die unseren Körper oftmals belasten, auszuscheiden.

› Chrono-Zeitpunkt: Der optimale Zeitpunkt ist am Morgen, sei es pur als Obst oder in Kombination mit Vollkornmüsli.

12 KOHL

Vertreter: Bestimmten Kohlarten werden anti-tumorale Eigenschaften nachgesagt. Zu diesen gehören unter anderem der Brokkoli, aber auch Blumenkohl oder Rosenkohl.

Inhaltsstoffe: Kohl enthält eine Vielzahl von Mineralien, Spurenelementen sowie Ballaststoffen.

Funktion: Allen Kohlarten ist gemein, dass sie bestimmte Stoffe im Körper freisetzen, von denen wir heute wissen, dass sie positive Auswirkungen auf die Bekämpfung von Tumoren haben. Es handelt sich hierbei im Indol-3-Carbinol, kurz auch I3C genannt. Neben der Antikrebswirkung hat I3C aber auch andere hilfreiche Eigenschaften, zum Beispiel den natürlichen Fettstoffwechsel im Körper zu regulieren, die Hirnfunktion zu unterstützen bzw. die rhythmische Freisetzung bestimmter Hormone zu steuern.

Zubereitung: Zubereitet werden sollte Kohl entweder als blanchiertes Gemüse, als bissfest gegartes Gemüse mit Butter und Muskat oder als Rohkost mit Öl.

› Chrono-Zeitpunkt: Optimaler Verzehrzeitpunkt ist die Mittags- oder Abendzeit, hier jedoch nicht als Rohkost.

» Blaubeeren födern die Fettverbrennung «

13 JOGHURT

Vertreter: Unstrittig ist, dass der tägliche Konsum von Joghurt oftmals eher förderlich ist. Unterscheiden muss man, ob es sich um natürlichen Joghurt tierischen Ursprungs – meist aus Kuhmilch – handelt oder ob die Produkte sich auf einen pflanzlichen Ursprung zurückführen lassen. Im letztgenannten Fall handelt es sich oftmals um Joghurt aus Mandel- oder Kokosmilch. Eine besondere Joghurtsorte ist der Kefir. Zwar wird auch hier überwiegend Milch tierischen Ursprungs – Kuh, Ziege, Schaf – verwendet, jedoch werden für die Fermentierung nicht nur die sonst verwendeten Milchsäurebakterien eingesetzt, sondern ein spezielles Gemisch aus Milchsäurebakterien und Pilzen. Deshalb ist Kefir, wie auch die meisten pflanzlichen Joghurtsorten, auch für Personen geeignet, die ansonsten keine Milchprodukte vertragen.

» Eine gesunde Darmflora hilft das Immunsystem zu stärken «

Inhaltsstoffe: Gemein ist allen Joghurtsorten, dass sie einen hohen Anteil an Mineralien, Vitaminen und Proteinen aufweisen. Oftmals enthalten sie auch einen hohen Anteil an lebenden Darmbakterien, die in unserem Darm eine Vielzahl von Aufgaben übernehmen. Unklar ist jedoch, ob dank des Verzehrs von Joghurts, seien sie nun mit Darmbakterien extra angereichert oder nicht, auch wirklich eine ausreichende Anzahl dieser nützlichen Bakterien im Darm ankommen.
Funktion: Einige Studien deuten darauf hin, dass die im Joghurt enthaltenen Bakterien im Magen, der ja bekanntlich eine starke Säure absondert, abgetötet werden und somit nutzlos für die Darmsanierung sind. Andererseits enthält Joghurt aber noch weitere Inhaltsstoffe, die ausschließlich von Darmbakterien für ihr Überleben bzw. die Vermehrung genutzt werden. Dadurch ist der regelmäßige Verzehr zumindest teilweise hilfreich, um auch die Darmflora zu unterstützen. Eine gesunde Darmflora ihrerseits hilft, das Immunsystem zu stärken, bestimmte Verdauungsprozesse zu optimieren und bestimmte Nährstoffe überhaupt erst dem Organismus zur Verfügung zu stellen.

› Chrono-Zeitpunkt: Je nach Zusammensetzung bzw. Ursprung des Joghurts liegt der ideale Zeitpunkt entweder am Morgen oder am Abend. Kefir und pflanzliche Joghurts sollten eher am Morgen verzehrt werden, natürliche Joghurts tierischen Ursprungs hingegen abends. Will man den morgendlichen Joghurt süßen, sollte man auf Kristallzucker verzichten und eher Früchte hinzugeben. Abends sollte man Joghurt am besten ungesüßt verzehren.

14 GRÜNER TEE

Speziell der junge Tee bzw. die obersten Spitzen des jungen Grüntees sind ernährungssphysiologisch sehr wertvoll. Eine besondere Form ist das so genannte Matcha-Pulver, das aus diesem Teegewächs hergestellt wird. Darin ist die höchste Konzentration eines Stoffes zu finden, der den wissenschaftlichen Namen Epigallocatechingallat trägt und als EGCG abgekürzt wird. Dieser Stoff hat vielfältige gesundheitsfördernde Eigenschaften.

Funktion: EGCG wird heutzutage in der Prävention von Tumorerkrankungen eingesetzt. Aber auch andere Krankheiten sollen positiv durch den Verzehr von Grüntee beeinflusst werden. Hierzu zählen unter anderem Herzerkrankungen, Erkältungen sowie andere Krankheiten, die auf Fehlfunktionen des Immunsystems zurückzuführen sind, und Alterungsprozesse.

Was zu beachten ist: Grüntee darf nicht zu heiß aufgegossen werden, da sonst die wertvollen Inhaltsstoffe zerstört werden. Die beste Temperatur liegt bei ca. 80 °C.

Zubereitung: Grüntee oder Matcha-Pulver eignen sich nicht nur zur Teezubereitung, auch Cocktails, Smoothies und Limonaden lassen sich damit mischen. Müslis, Kuchen, heiße Schokoladen, Dessertsaucen, Eis, Salat- oder leckere Nudelsaucen lassen sich damit verfeinern. Aufpassen sollte man lediglich auf die Dosierung, da zu viel häufig zu intensiv schmeckt und nicht von jedem als angenehm empfunden wird. Als Faustregel gilt zum Beispiel ein halber Teelöffel auf eine Portion Müsli oder ein Teelöffel in eine Nudelsauce für vier bis sechs Personen, wobei die Sauce nicht mehr aufgekocht werden sollte.

› Chrono-Zeitpunkt: Eine ideale Einnahmezeit für den Genuss von Grüntee gibt es nicht, er kann während des gesamten Tages getrunken werden. Empfohlen werden heute vier bis fünf Tassen, über den ganzen Tag hinweg verteilt getrunken.

» Grüner Tee kann während des ganzen Tages getrunken werden «

15 FLÜSSIGKEIT

Bleibt zum Schluss noch der Bereich der Flüssigkeitsaufnahme. Insgesamt benötigt der Körper mindestens 2 Liter Flüssigkeit pro Tag. Dabei gilt es jedoch einiges zu beachten, denn Flüssigkeit ist nicht gleich Flüssigkeit. Die beste Form ist und bleibt das stille Wasser. Davon sollte man immer kurz vor den Mahlzeiten ein Glas zu sich nehmen, da so ein gewisses Sättigungsgefühl hervorgerufen wird und man weniger isst. Den Rest der Menge sollte man über den Tag verteilen bzw. teilweise zu den Mahlzeiten einnehmen.

Wem das stille Wasser zu geschmacklos ist, der kann der 1-Liter-Karaffe eine Scheibe Zitrone, Orange, Apfel oder auch wenige Gurkenstücke hinzufügen. Das ändert den Geschmack ohne den Zuckergehalt nennenswert zu erhöhen. Ungünstig wäre das Beimischen von Fruchtsäften, sei es auch nur im Verhältnis 1:1, da selbst bei diesem Mischungsverhältnis der Fruchtzuckergehalt massiv nach oben steigt. Verdeutlichen kann man sich dies anhand folgenden Beispiels: ½ Liter Apfelschorle enthält den Saft und somit den Fruchtzucker aus fünf (!) Äpfeln. Bedenkt man, dass ein Apfel pro Tag ausreichend ist, wird die Zahl noch deutlicher.

Eine Alternative zum stillen Wasser ist Tee. Hier eignet sich der bereits erwähnte grüne Tee oder bestimmte, ungesüßte Früchtetees. Schwarzer Tee hingegen ist eher weniger geeignet, denn er enthält oftmals hohe Mengen an Teein, was dem Koffein aus dem Kaffee gleichkommt. Größere Mengen, insbesondere am Abend, könnten bei anfälligen Menschen Herz-Kreislauf-Probleme und/oder Schlafstörungen verursachen. Deshalb sollten teein- bzw. koffeinhaltige Getränke eher morgens und in geringen Mengen konsumiert werden, beispielsweise ein bis zwei Tassen. Da Koffein aber auch harntreibende und somit flüssigkeitsausscheidende Eigenschaften besitzt, sollte zu jedem Kaffee bzw. Schwarztee immer auch stilles Wasser gereicht werden.

Zum Schluss noch eine vermutlich unerwartete Alternative zur Deckung des Flüssigkeitsbedarfes: Auch alkoholhaltige Getränke sind erlaubt, wenn auch nur in geringem Maße. Neuere Studien haben zeigen können, dass der gemäßigte Genuss, vor allem von Wein, aber auch Bier, gesundheitsfördernde Eigenschaften haben kann. Insbesondere Herz-Kreislauf-Erkrankungen waren bei jenen Personen weniger anzutreffen, die ein Glas Wein oder Bier zum Mittag- bzw. Abendessen zu sich nahmen. Wurde die Menge jedoch gesteigert, kehrte sich der Effekt ins Negative um. Ob der positive Effekt wirklich durch die moderate Menge an Alkohol, welche die Personen fast täglich zu sich nahmen, hervorgerufen wurde oder eher andere Faktoren eine Rolle spielten, ist bis heute nicht eindeutig belegt.

Bedenken sollte man dabei, dass gerade jene Menschen, die qualitativ hochwertige Alkoholika wie guten Wein genießen, auch meistens diejenigen sind, die qualitativ hochwertige und ausgewogene Mahlzeiten genießen. Somit bleibt zu klären, ob es der Alkohol oder die Qualität der Speisen war, die zu diesen positiven Effekten führten. Immerhin scheint Alkohol, so viel wissen wir, in diesen Mengen und der entsprechenden Qualität nicht geschadet zu haben.

DIE JAHRESZEIT DECKT DEN TISCH

SAISONALE NAHRUNGSMITTEL

Nicht nur unser Organismus wird durch rhythmische Prozesse gesteuert, sondern auch die Verfügbarkeit der Nahrungsmittel, die wir täglich zu uns nehmen, unterliegt einer gewissen Jahresrhythmik, da viele von ihnen nur zu bestimmten Jahreszeiten frisch angeboten werden. Aus physiologischer Sicht ist es sinnvoll, frische Nahrungsmittel bei der Zubereitung von Speisen zu bevorzugen, da so die in ihnen enthaltenen Mikro- und Makronähstoffe stets in höchster Konzentration bestehen bleiben.

Deshalb ist zu empfehlen, möglichst frisch – am besten regional – angebautes und daher saisonal verfügbares Gemüse und Obst zu verwenden. Oftmals schmeckt es besser, enthält mehr Mikronähstoffe und es werden nebenbei auch noch unnötige Umweltbelastungen durch Transportwege und Lagerung vermieden. Was zunächst wie eine Einschränkung klingt, bietet letztendlich die Möglichkeit, die Vielfalt im Wechsel der Jahreszeiten wieder neu zu entdecken.

Saisonales Gemüse

Vor allem im Sommer ist es sehr leicht, saisonales Gemüse zu bekommen, da die meisten Sorten zu dieser Jahreszeit geerntet werden. Aber auch im Herbst und sogar im Winter werden mehr Sorten frisch geerntet, als man zunächst annehmen würde. Darüber hinaus lassen sich viele Gemüsesorten über längere Zeit lagern: Butterrüben sind bis Dezember frisch erhältlich, Grünkohl hat von November bis Februar Hochsaison, da er idealerweise mindestens einmal Frost bekommen haben sollte, Rosenkohl und Topinambur stehen von Oktober bis März zur Verfügung.

Champignons oder Lauch sind das ganze Jahr über frisch erhältlich, da sie oftmals von spezialisierten Zuchtbetrieben angeboten werden. Außerdem lassen sich viele Kartoffelsorten, Zwiebeln und Rotkohl hervorragend einlagern, sie können das ganze Jahr über verwendet werden.

Saisonaler Salat

Auch bei den Salaten und vor allem bei den Blattsalaten gibt es saisonale Schwankungen, da Salate vor allem in den warmen Monaten geerntet werden. Leider lassen sich frisch geerntete Salate nicht lange lagern, sodass sie am besten innerhalb kurzer Zeit zu verzehren sind. Im Winter stehen aber immerhin noch leckerer Feldsalat und Portulak zur Verfügung, die uns über die Runden helfen können. Anstelle von grünem Salat empfiehlt es sich, im Winter auf Rohkost aus Möhren, Kohl und Rote Bete zurückzugreifen. Speziell Weiß- und Spitzkohl lässt sich zu Salat verarbeiten, indem man ihn kleinschneidet und mit wenig Salz so lange knetet, bis er etwas saftig wird. Für alle Salatzubereitungen gilt, dass der Salat möglichst erst kurz vor dem Verzehr mit dem Dressing vermengt werden sollte, um seine Knackigkeit zu erhalten.

» Ernährungsphysiologisch ist es sinnvoll, saisonal und regional einzukaufen «

Saisonales Obst

Bei den Obstsorten ist es wesentlich schwieriger als beim Gemüse, stets auf regionale und saisonale Sorten zurückzugreifen. Rhabarber macht im April den Anfang, er ist als erstes Obst zu dieser Zeit erhältlich ist. Direkt im Anschluss folgen Erdbeeren, Kirschen und die meisten anderen Beeren. Leider ist ihre Verfügbarkeit als frisches Obst nur von kurzer Dauer. Interessant ist jedoch, dass sich vor allem Beeren als Tiefkühlware gut lagern lassen, ohne dabei nennenswert an Nährstoffen zu verlieren. Im Herbst kommen dann frische Quitten und Äpfel, aber auch Birnen, Holunder, Weintrauben und Zwetschgen sind noch bis Oktober frisch zu ernten.

Viele dieser Obstsorten lassen sich zum Glück lagern, sodass oftmals erst im Sommer der Vorrat zu Ende geht. Wer im Winter mehr Abwechslung möchte, der muss auf Importware zurückgreifen. Ab dem späten Herbst bis in den Frühling hinein sind unterschiedlichste Südfrüchte wie Orangen, Klementinen und Grapefruits erhältlich.

Interessant in diesem Zusammenhang ist die Tatsache, dass eine Obstsorte, die von vielen fälschlicherweise dem Gemüse zugeordnet wird, in Wirklichkeit eine Frucht ist: Die Tomate, von der es mehr als 200 unterschiedliche Sorten gibt. Durch spezielle Anbaumethoden ist es möglich, dieses Nahrungsmittel das ganze Jahr über frisch zu erhalten.

SAISONALE CHRONOBIOLOGISCHE TOP-LEBENSMITTEL AUS REGIONALEM ANBAU

	JAN	FEB	MÄR	APR	MAI	JUN	JUL	AUG	SEP	OKT	NOV	DEZ
Batavia					–	–	–	–	–			
Blaubeeren						–	–	–	–			
Blumenkohl					–	–	–	–	–	–		
Brokkoli						–	–	–	–	–		
Chicorée	–	–	–	–						–	–	–
Dicke Bohnen						–	–	–				
Eichblattsalat (grün)					–	–	–	–	–	–		
Eisbergsalat						–	–	–	–	–		
Endivien					–	–	–	–	–	–	–	–
Erbsen						–	–	–				
Grünkohl	–	–									–	–
Grüne Bohnen							–	–	–	–		
Gurken						–	–	–	–	–		
Karotten	(–)	(–)	(–)	(–)	(–)	–	–	–	–	–	(–)	(–)
Kartoffeln	(–)	(–)	(–)	(–)	(–)	–	–	–	–	–	(–)	(–)
Kopfsalat					–	–	–	–	–	–		
Kürbis	(–)	(–)						–	–	–	–	(–)
Mangold					–	–	–	–	–	–		
Portulak	–	–	–	–			–	–	–	–	–	–
Rapunzelsalat	–	–	–	–						–	–	–

	JAN	FEB	MÄR	APR	MAI	JUN	JUL	AUG	SEP	OKT	NOV	DEZ
Rote Rüben	▭	▭	▭	▭		▬	▬	▬	▬	▬	▬	▭
Rosenkohl	▬	▬	▬							▬	▬	▬
Rotkohl						▬	▬	▬	▬	▬	▬	
Rucola				▬	▬	▬	▬	▬	▬			
Spinat			▬	▬	▬				▬	▬	▬	
Spitzkohl					▬	▬						
Tomaten						▬	▬	▬	▬	▬		
Walnüsse	▭	▭	▭	▭	▭	▭	▭	▭	▬	▬	▬	▬
Wassermelonen					▬	▬	▬	▬	▬	▬	▬	▬
Weißkohl	▭	▭	▭	▭		▬	▬	▬	▬			
Wirsing	▬	▬		▭	▬	▬	▬	▬	▬	▬	▬	▬
Zucchini						▬	▬	▬	▬	▬		
Zuckerschoten						▬	▬	▬				

▬ *frisch aus heimischem Anbau*
▭ *Lagerware aus heimischem Anbau*

» Saisonales Obst, Gemüse und Salat gibt es übers ganze Jahr verteilt «

WEITERE WICHTIGE LEBENSMITTEL AUS DER NATUR

Gesundheitsbewusste Menschen kennen die essentielle Bedeutung sinnvoller Ernährung, um ihr Gewicht zu halten. Viele Menschen kämpfen aber vergeblich gegen lästige Pfunde und störende Fettpölsterchen. In bisher unterschätztem Maße entscheidet hier ihr Erbgut über Gewichtszunahme, besonders mit zunehmendem Alter, egal welche Diät verwendet wird. Dieser Personenkreis entzieht der Nahrung einfach zu viel Fett und Zucker. Und dabei ist allen bekannt: Übergewicht und Fettleibigkeit bedrohen die Gesundheit mit der gleichen Intensität wie Rauchen. Die Risiken umfassen Herzkrankheiten, Diabetes und einige Krebsformen.

Bei einigen dieser genetischen Faktoren schlagen dann ein bewegungsarmer Lebensstil und ungezügelte Essenslust besonders stark zu Buche. Wer unter diesen schwierigen Umständen dauerhaft zu einer schlanken Figur zurückkehren möchte, muss ein Kalorienminus erzeugen. Die meisten haben bei diesem Vorhaben praktisch zu Beginn schon verloren. Eine alleinige Kalorienreduzierung durch Verzicht von Nahrung oder durch gesteigerte körperliche Aktivität lässt sich nicht so einfach in eine moderne Lebensweise integrieren.

Der Weg zum Erfolg

Helfen kann man mit einigen Substanzen aus dem Schatz von „Mutter Natur", auch wenn sie über die Ernährung oftmals nicht in ausreichender Menge aufgenommen werden können und somit zusätzlich als Ergänzung eingenommen werden sollten. Grundsätzlich gibt es zwei Ansätze, um zum Erfolg zu kommen. Beim ersten Ansatz gilt es, die Aufnahme von Zucker und Fett zu hemmen. Hier müssen die zwei Wirkprinzipien voneinander unterschieden werden: Einerseits gilt es, die Aufnahme von Zucker im Darmtrakt zu verhindern und andererseits auch die Fettaufnahme möglichst effizient zu unterbinden.

Was blockiert Fett und Zucker?

Die Kombination solcher Ergänzungen sollte immer das Ziel haben, das Abnehmen zum Idealgewicht auf natürliche Art und Weise zu unterstützten. Wie eben erwähnt, sollten diese Aktivstoffe bereits im Magen-Darm-Bereich die Aufnahme von Fetten, Stärke und Zucker aus der Nahrung reduzieren. Glücklicherweise gibt es Naturstoffe, die wie eine Art biologischer Magnet die größten Energiemoleküle Zucker und Fett an sich binden. Die so gebundenen Moleküle scheidet der Körper unverdaut wieder aus. Das gilt sowohl für Fette wie für Stärke bzw. den daraus entstandenen Zucker. Die positive Energiebilanz dieser Effekte ist beachtlich: Jedes Gramm Kohlenhydrate (Stärke, Zucker) würde normalerweise mehr als vier Kalorien einschleusen, jedes einzelne Gramm Fett sogar mehr als doppelt so viel, nämlich 9,3 Kalorien. Somit ist die Blockade der Aufnahme von Zucker und Fett mehrfach effektiv.

» Bestimmte Naturstoffe binden Fett- und Zuckermoleküle «

Der optimale Zeitpunkt der Nahrungsaufnahme

Wie für alle biologischen Prozesse gibt es auch hier einen optimalen Zeitpunkt, an dem die Substanzen wirken bzw. eingenommen werden sollten, damit sie den bestmöglichen Effekt erzielen. Dabei gilt es zu bedenken, dass Zucker immer der erste Stoff ist, der aus der Nahrung aufgenommen wird. Deshalb müssen alle Substanzen, die den Zucker daran hindern sollen, aufgenommen zu werden, kurz nach der Mahlzeit eingenommen werden, da sie nur kurze Zeit benötigen, um an den Ort im Verdauungstrakt zu gelangen, wo die Zuckermoleküle aufgenommen werden. Anders bei den Fetten: Sie werden erst später, also zum Ende des Essens, aus der Nahrung herausgelöst. Daher sind so genannte Fettblocker direkt vor der Mahlzeit einzunehmen, um optimal zu wirken, denn sie benötigen längere Zeit, um an ihren Wirkungsort zu gelangen.

FETTBLOCKER

Als Fettblocker gilt zum Beispiel Chitosan; als Zuckerhemmer gelten Weißbohnen, Citrus aurantium und/oder Bockshornklee, auch Fenugreek genannt. Wie sie genauer funktionieren, sei hier im Folgenden kurz dargestellt:

CHITOSAN:

Chitosan ist ein Amino-Polysaccharid, das aus den Schalen von Muscheln sowie den Chitinpanzern von Meereskrustentieren (etwa Krabben, Hummer und Shrimps) extrahiert wird. Es funktioniert wie ein Kalorien-Magnet. Das Polysaccharid erzeugt im Darm ein positiv geladenes Gel, das die negativ geladenen Fettmoleküle anzieht und an sich bindet. Das entstehende große Polymer (Zusammenschluss vieler Moleküle) kann auf Grund seiner Dimension nicht verdaut werden. Das Polymer sammelt dann weitere Feststoffe – auch Moleküle von Stärke und Zucker – ein. Die gebundenen Stoffe scheidet der Körper unverdaut wieder aus. Ihre Energiebilanz: Null Kalorien!

CITRUS AURANTIUM:

Das Extrakt der chinesischen Heilpflanze Citrus aurantium („Zhi Shi", zu Deutsch Bitterorange) wird in der fernöstlichen Volksheilkunde bei Verdauungsstörungen, Magen-Darm-Erkrankungen sowie zur Verbesserung der Durchblutung und der Leberfunktionen eingesetzt. Nun erkannte die Wissenschaft das große thermogenetische Potenzial der Wirkstoffe dieser Heilpflanze, vor allem des in ihr enthaltenen Stoffes Synephrin: die Ankurbelung des Stoffwechsels („Fett-Verbrennung") ohne die gefürchteten Nebeneffekte auf das Zentralnervensystem oder die Herztätigkeit, also ohne Unruhe und ohne nennenswerte Veränderung des Blutdruckes. Die in „Zhi Shi" enthaltene Kombination von fünf Aminoverbindungen lässt zudem das Hungergefühl später einsetzen.

WEISSBOHNEN-EXTRAKT

Die schwefelhaltige Samensubstanz blockiert das Enzym Alpha-Amylase, das für die Aufspaltung von Stärke in Glukose im Darm verantwortlich ist. Da der Körper nur Glukose aufnehmen kann, wird die nicht aufgespaltete Stärke genau wie ein Ballaststoff unverdaut ausgeschieden.

FENUGREEK

Eine der interessantesten Heilpflanzen Europas überhaupt, Griechisch Heu (Trigonella foenum-graecum, auch Bockshornklee), wurde als Hemmstoff bei der Glukoseabsorption entdeckt. Für Freunde von süßen Dickmachern ist das eine wirklich gute Nachricht. Beim Verzehr von Zucker bremst Fenugreek den plötzlichen Anstieg der Blutzuckerkurve. Gerade die durch den aufgenommenen Zucker hervorgerufene Erhöhung des Insulinspiegels ist mitverantwortlich für die Abspeicherung von Fettmolekülen in unseren Milliarden Fettzellen.

Schon Hildegard von Bingen und Sebastian Kneipp setzten diese Pflanze begeistert zur Behandlung verschiedener Krankheiten ein.

Ihr Samen ist äußerst reich an Aminosäuren, Enzymen, Flavonoiden und anderen Phytosubstanzen. Fenugreek enthält einzigartige Faserstoffe (Galactomannana), die schon im Magen viel Wasser aufnehmen. Dadurch wird seine Entleerung aktiviert und zeitlich ausgedehnt. Das glättet die Blutzuckerkurve und hält sie im normalen Bereich. Fenugreek reduziert bereits mit winzigen Mengen durch seine positiven Wirkungen auf die Glukoseabsorption als natürliche Nahrungsergänzung deutlich den glykämischen Index um einige Punkte.

WIE WERDE ICH MEINE FETTPOSTER LOS?

Der zweite Ansatz, Gewicht zu reduzieren, zielt darauf ab, bereits bestehendes Fett in unserem Körper wieder vermehrt abzubauen. Hier muss einerseits der Stoffwechsel so angekurbelt werden, dass die bestehenden Fettreserven wieder aufgeschlossen werden und andererseits etwaige Abbauprodukte, die der Stoffwechsel produziert, möglichst rasch herausgeschleust, damit sie den normalen Stoffwechsel nicht negativ beeinflussen. Gleichzeitig sollte auch die Chronobiologie des menschlichen Stoffwechsels beachtet werden: Morgens ist er hoch aktiv, abends eher weniger und nutzt diese Zeit, etwaige Abbauprodukte zu entfernen oder Schäden zu reparieren.

Konkret bedeutet das für etwaige Ergänzungen: Substanzen, die auf eine Ankurbelung des Stoffwechsels zielen, um tagsüber Energien frei zu setzen, die nachts nicht benötigt werden, sollten am Morgen zum Frühstück eingenommen werden. Dagegen müssen, während wir schlafen, Abbauprodukte ausgeschleust und durch Stoffwechselstress, Inflammation und Oxidation verursachte Gewebeschäden möglichst repariert werden. Hier helfen andere Naturprodukte, die im Zusammenspiel mit den Morgenprodukten perfekt ihre Wirkung entfalten können.

Naturprodukte lassen das Fett schmelzen

Bestimmten Pflanzenextrakten gelingt, was Veränderungen der Lebensgewohnheiten oftmals nicht schaffen: Sie zerlegen Fettmoleküle und initiieren ihre Verbrennung durch Beschleunigung des Stoffwechsels. Als Nebeneffekte reduzieren sie das Körpergewicht und lassen die Fettzellen auf ihre ursprüngliche Größe schrumpfen. Außerdem hemmen sie die neuerliche Speicherung von unverbrauchter Energie, sogar wenn wir weiterhin normal essen. So wird endlich ein Teufelskreis durchbrochen.

Eine optimale Kombination solcher Stoffe hilft gegen die chronische Gesundheitsstörung Übergewicht, speziell wenn sie unter Berücksichtigung der Chronobiologie eingesetzt werden. Substanzen von knapp einem Dutzend Pflanzen erzielen im Teamwork eine positive Gewichtsbilanz. Einige wirken stärker bei Tag, andere besser bei Nacht und wieder andere interagieren miteinander rund um die Uhr. Einige dieser Naturprodukte, die bereits erfolgreich eingesetzt wurden, sind hier im Anschluss dargestellt:

» Eine optimale Kombination von Naturstoffen kann Übergewicht bekämpfen «

Die westafrikanische Pflanze Irvingiagabonensis war Jahrhunderte hindurch Hauptbestandteil der Nahrung von charakteristisch schlanken Stämmen in Kamerun und Nigeria. Unter dem Namen Afrikanische Mango erlangte sie international großes Aufsehen. Substanzen in ihren Samen reduzieren das Körperfett, verbessern die Blutfettwerte, normalisieren erhöhte Blutzuckerspiegel und steigern die Leptin-Freisetzung, unsere wichtigste appetithemmende Körpersubstanz.

Die oben bereits erwähnte Bitterorange mit dem botanischen Namen Citrus Aurantium löst nach Verzehr einen gesteigerten Blutfluss in den Kapillaren aus: Sie stimuliert mit ihren natürlichen Beta-Agonisten mild-verträglich den Blutfluss in den Blutgefäßen und bewirkt somit eine Steigerung des Grundumsatzes und der Fettverbrennung. Diese Aktiv-Moleküle gehören zur Gruppe der Synephrine. Die hohe Verträglichkeit erklärt sich dadurch, dass der Körper diese Substanz aus Aminosäuren selbst herstellen kann, jedoch nur in winzigsten Mengen. Auch die Procyanide, Flavonoide und Amine im Weißdorn verbessern den Blutfluss bei reduziertem Blutdruck. Diese herzschützenden Eigenschaften der erwähnten Naturprodukte tragen mit dazu bei, dass die so gesteigerte Thermogenese den Kreislauf nicht belastet.

> » Wer an Vitamin-C-Mangel leidet, nimmt schwerer ab «

Auf bis heute rätselhafte Weise steht eine hohe Vitamin-C-Versorgung mit einem reduzierten Body Maß-Index in Verbindung, während es umgekehrt Menschen mit einem Vitamin-C-Mangel besonders schwer haben, Fettgewebe loszuwerden.
Grüner Tee ist wegen seiner Antioxidantien nicht nur das gesündeste Getränk der Welt, sondern aufgrund seines geringen Anteils an Coffein ein extrem gut verträglicher Fettverbrenner.
In den Blättern des Ginkgo biloba stecken zwei Substanzen, Ginkgolide und Glycoside, mit der Fähigkeit, den Blutfluss zum Gehirn und durch die feinen Mikrokapillaren zu verstärken. Das verbessert den Stoffwechsel und Kalorienverbrauch. Gleichzeitig mindert es Nervosität, die oft zu Heißhunger führt.

Das Spurenelement Chrom (aus Chrompolynikotinat) verbessert die Insulinwirkung und damit den Blutzuckerstoffwechsel. Daneben baut es Fettgewebe ab und Muskelmasse auf. Tannine, Fettsäuren und Öle in der Ayurveda-Pflanze Centella asiatica sind entgiftend und antientzündlich. Sie fördern den Abtransport von ungewünschten Abbauprodukten des Stoffwechsels.
Weitere Helfer an der Gewichtsfront sind das Enzym Papain in der Papaya, die Katechole in den Blättern des Javastrauches, Katzenbart genannt, sowie das Verdauungs-Enzym Bromelain mit der Fähigkeit, verschiedene Moleküle aufzuspalten und somit den Stoffwechsel anzuregen.
In Extremfällen lassen sich die oben beschriebenen Ansätze auch kombinieren. Vor den Hauptmahlzeiten (Mittag, Abend) Zuckerhemmer, nach den Mahlzeiten werden Fettblocker genommen. Darüber hinaus morgens zum Frühstück Naturstoffe, die den Stoffwechsel anregen, und Regenerationsstoffe am Abend zum Abendbrot.

IN DIESEM KAPITEL:

› CHRONOBIOLOGISCHE ESSKULTUR

Zeitpunkt der Nahrungsaufnahme
Zusammensetzung der Mahlzeiten
Selbst kochen ist die Devise
Mit Freude und Genuss kochen
Der Fantasie freien Lauf lassen

» Wer auf den inneren Rhythmus hört, isst gesünder «

DIE CHRONO-KÜCHE – SATT ESSEN IM EINKLANG MIT DER INNEREN UHR

CHRONO-BIOLOGISCHE ESSKULTUR

Jahrelang wurden Übergewichtigen kalorienärmere Mahlzeiten und als Hilfe über den ganzen Tag verteilte kleine Zwischengerichte empfohlen. Die Idee dahinter: Hauptsache weniger Kalorien. Diese Empfehlung hat sich jedoch als falsch herausgestellt. Heute wissen wir, dass der Zeitpunkt, zu dem wir etwas essen, genauso wichtig ist, wie was bzw. wie viel wir essen, wenn nicht sogar wichtiger.

Anders ausgedrückt: Wir müssen das Richtige zum richtigen Zeitpunkt essen. Insgesamt sind drei volle Mahlzeiten, soll heißen Frühstück, Mittagessen und Abendbrot, erlaubt, jedoch keine Snacks zwischendurch. Speziell diese Zwischenmahlzeiten, die früher fälschlicherweise empfohlen wurden, stören die Chronobiologie des Stoffwechsels nachhaltig. Der Körper würde in diesem Fall niemals gezwungen werden, auf seine Fettreserven zurückzugreifen, sondern würde diese immer weiter auffüllen.

ZEITPUNKT DER NAHRUNGSAUFNAHME

Um dem Organismus genügend Zeit einzuräumen, damit er auch sein körpereigenes Fett für den Stoffwechsel benutzt, ist es notwendig, dass zwischen dem Frühstück und dem Mittagessen sowie zwischen dem Mittagessen und dem Abendbrot jeweils fünf bis sechs Stunden Pause liegen, während derer keine Kalorien dem Körper zugeführt werden. Anschließend wird zwischen dem Abendessen und dem Frühstück für mindestens 12 Stunden auf Nahrungsaufnahme komplett verzichtet.

Beachtet man nun noch, dass es so genannte Frühaufsteher (Lerchen) oder Spätaufsteher (Eulen) gibt, kann man für sich persönlich seinen individuellen Zeitplan für die drei Mahlzeiten errechnen. Die Lerchen werden vermutlich bereits um 07:00 Uhr mit dem Frühstück beginnen, die Eulen vermutlich erst um 09:00. Dafür hätten die Frühaufsteher ihr Abendessen bereits um 18:00 Uhr, die Spätaufsteher hingegen vermutlich erst um 20:00 Uhr oder gar 21:00 Uhr.

ZUSAMMENSETZUNG DER MAHLZEITEN

Wie bereits mehrfach erwähnt, unterscheidet sich auch die chronobiologisch sinnvolle Zusammensetzung der Mahlzeiten deutlich voneinander. Zum Frühstück gibt es fast ausschließlich Kohlenhydrate, also Zucker in Form von Vollkornbrot mit süßen oder vegetarischen Aufstrichen, Müsli mit Obst oder Süßwaren. Auf tierische Proteine und große Mengen an Fett wird zu dieser Zeit verzichtet. Anzumerken wäre hier auch die Tatsache, dass ein gutes Frühstück, speziell bei Kindern, äußerst hilfreich ist, geistige Höchstleistung während des gesamten Tages zu erzielen. Zu Mittag ist alles erlaubt, sei es nun Stärke aus Nudeln, Reis oder Kartoffeln, Vitamine und Ballaststoffe aus Gemüse oder Proteine aus Fleisch und Fisch. Wer nach unserem Stoffwechseltest Typ B ist, sollte die Kohlenhydratzufuhr etwas reduzieren, muss aber nicht vollständig auf Kohlenhydrate verzichten. Auch Fette, vor allem Omega-3-Fettsäuren, sollten nicht fehlen. Abgerundet wird die Mittagsmahlzeit beispielweise mit einer süßen Nachspeise. Zum Abend hin werden dann überwiegend Proteine aus Fleisch und Fisch zusammen mit Gemüse serviert. Zucker bzw. Stärke sowie Obst sind jetzt nicht mehr erwünscht. Ein Gläschen guter Wein oder ein Bier hingegen könnten das Abendessen dann noch genussvoll abrunden. Obgleich Bier „vergorenes Zuckerwasser" ist und Wein vergorener Traubensaft, sind gerade die insulintreibenden Zuckeranteile durch die Gärung deutlich reduziert, deshalb ist der maßvolle Genuss von Bier und Wein am Abend erlaubt. Leider gehört das „Nachthupferl", das berühmte Stück Schokolade vor dem Schlafengehen, jedoch ab sofort der Vergangenheit an.

SELBST KOCHEN IST DIE DEVISE

Ein weiterer wichtiger Punkt, auch wenn er nicht direkt mit der Chronobiologie in Verbindung steht, ist die Tatsache, dass man auf Fertigprodukte weitgehend verzichten sollte. Bestes Beispiel hierfür ist Gemüsebrühe, ein Grundprodukt, das bei vielen Speisen verwendet wird. Anstelle von Körnerbrühe oder Brühwürfeln sollte man auf das altbewährte Suppengemüse zurückgreifen: Ein Bund Suppengemüse, bestehend aus ein bis zwei Karotten, etwas Sellerie, Lauch und Petersilie, werden geputzt und mit einem Lorbeerblatt, drei bis fünf Körnern Piment, etwas Salz und Pfeffer in einem Dreiviertelliter Wasser ca. 30 bis 45 Minuten bei kleiner Hitze geköchelt. Durch ein Sieb abgießen und fertig ist eine gesunde Brühe ohne chemische Zusätze. Will man der Brühe einen anderen Geschmack geben, so kann man ca. 20 Minuten vor Kochende eine oder zwei Tomaten hinzugeben, sodass nicht nur die Farbe intensiver wird.

» Wer selbst kocht, hat mehr Freude und Genuss am Essen! «

MIT FREUDE UND GENUSS KOCHEN

Jeder kann kochen – vielleicht nicht wie ein Sternekoch – aber das ist auch nicht notwendig. Am besten gelingt das, wenn man gemeinsam mit Freunden, Kindern oder dem Lebenspartner kocht. Oftmals braucht man nicht einmal 30 Minuten, um eine gesunde Mahlzeit vorzubereiten. Für jeden, der dabei sein möchte, gibt es etwas zu tun, sei es das Gemüse zu putzen und zu schneiden, im Topf zu rühren und abzuschmecken oder einfach nur gute Ratschläge zu geben.
Sowohl für die Zubereitung der Mahlzeit als auch für das Essen danach sollte man sich Zeit nehmen, Zeit, während der man dem Alltagsstress entflieht und auch miteinander spricht. So wird die Küche wie zu Omas Zeiten wieder der Mittelpunkt des Familienlebens. Und noch einen Vorteil hat das gemeinsame Kochen: Niemand kann sich mehr über das Essen beschweren, denn alle waren am Kochen beteiligt.

DER FANTASIE FREIEN LAUF LASSEN

Auch die Phantasie ist gefragt: Es gilt, Neues bzw. Vergessenes wieder neu zu entdecken. Geht man auf regionale Märkte, lässt sich dort vieles finden, was in der Küche verarbeitet werden kann. Auch die nachstehenden Rezepte sollen nur Vorschläge bzw. Hilfestellungen sein, um einen leichteren Einstieg in die „Chronoküche" zu bekommen. Beachtet man das Grundprinzip morgens Kohlenhydrate, mittags gemischte Kost und abends Proteine, so kann gegessen werden, was einem schmeckt.

Hier finden Sie leckere und alltagserprobte Rezeptideen, die perfekt auf die drei Mahlzeiten der Chronodiät abgestimmt sind.

- **Morgen:**
  Kohlenhyratreiches, von süßen und salzigen Aufstrichen bis zum Lieblings-Müsli.
- **Mittag:**
  Mischkost, vegetarisch oder mit Fleisch, für zuhause oder im Büro.
- **Abend:**
  Bei der letzten Mahlzeit des Tages verzichtet die Chronodiät auf Kohlenhydrate.

» Genussvoll satt essen statt Diätfrust – das ist die Devise der Chronodiät «

LEGENDE

— VEGETARISCH

— VEGAN

— LAKTOSEFREI

— GLUTENFREI

DIE CHRONODIÄT-REZEPTE

Zu allen im Folgenden genannten Frühstücken ist der Genuss von Tee oder Kaffee erlaubt. Will man Kaffee oder Tee nicht ohne Milchzusatz trinken, sollte man die Milch durch Sahne-Wasser-Gemisch im Verhältnis 1:3 ersetzen.

- **Müsils in allen Variationen:**
  Verfeinert mit Obst, Pinienkernen, Mandeln, Apfelringen oder Bananenchips. Alles ist möglich, sofern auf tierisches Eiweiß verzichtet wird.
- **Smoothies sind reich an Vitaminen und Mineralstoffen.**
  Am besten sind sie natürlich selbstgemacht, frei von Farb- und Zusatzstoffen sowie Konservierungsmitteln.
- **Süße Brotgerichte:**
  Starten Sie mit einer Kohlenhydratmahlzeit in den Tag! Morgens steht Süßes auf dem Speiseplan, nach einer mehrstündigen nächtlichen Insulinpause.
- **Das herzhafte Frühstück:**
  Pflanzliches Eiweiß statt tierisches Eiweiß! Leckere Aufstriche sind eine gute Alternative für alle, die es morgens lieber pikant mögen.
- **Das schnelle Frühstück:**
  Die besten Tipps, wenn es morgens schnell gehen muss!

CHRONOTIPP

» Das Frühstück ca. eine halbe Stunde nach dem Aufstehen genießen! «

MORGEN

MÜSLI

Ideal für alle, die Getreideflocken am Morgen genießen wollen, ist eine Portion Müsli.

- Dafür sind so gut wie alle Müslivariationen möglich, auch Cornflakes und Schokomüsli. Beim Anrühren Ihres Müslis sollten Sie jedoch auf Milch und Joghurt verzichten, da sie tierisches Eiweiß enthalten.
- Stattdessen eignen sich frischer Obstsaft, Sojamilch, Sojajoghurt, Reismilch oder etwas Sahne, verdünnt mit Wasser (z.B. 50 ml Sahne + 150 ml Wasser). Darüber hinaus sind auch honiggesüßtes Wasser oder Früchtetees eine gute Alternative.

APFEL-BIRNEN-MÜSLI MIT NATURHONIG

— 75 g gemischte Getreideflocken in 250 ml heißem Sahne-Wasser-Gemisch 10 Minuten quellen lassen.
— Anschließend kleingeschnittene Äpfel- und Birnenstücke unterheben und mit 1 TL Naturhonig nachsüßen.
— Wer besondere Knackigkeit wünscht, kann kurz vor dem Verzehr 2 EL Cornflakes oder in Butter stark angeröstete Brotwürfel dazugeben.

VEG

SCHOKOMÜSLI MIT BANANE

— 75 g Haferflocken mit 2 g Matcha vermengen und mit 250 ml honiggesüßtem, warmen Wasser (ca. 80 °C) aufgießen und 10 Minuten ziehen lassen.
— Anschließend 25 g gehobelte bzw. gehackte dunkle Schokolade unterheben und nach Wunsch mit Stückchen von Früchten der Saison oder 1 in Scheiben geschnittenen Banane anrichten.

VEG — LKF — *bei Verwendung laktosefreier Schokolade*

CHRONOTIPP

» Zucker aus Brot, Obst und Müsli macht angenehm satt und stärkt für die fünfstündige Insulinpause «

BEERENMÜSLI MIT SMOOTHIE AUS HIMBEEREN UND GRANATAPFEL

— 75 g gemischte Getreideflocken, 200 g Blaubeeren (ggf. gefroren), 200 g Himbeeren/Erdbeeren, 2 EL gehackte Nüsse (Wal- oder Haselnüsse),
— 250 ml Smoothie (200 g Himbeeren und Granatapfel und 50 ml Wasser mit einem Mixer pürieren).

VEG — VGA — LKF

SMOOTHIES

— Für die Herstellung von Smoothies eignet sich grundsätzlich jedes Obst, frisch oder tiefgefroren. Will man härteres Obst wie Äpfel oder Birnen verwenden, sollte dieses am Vortag in wenig Wasser ohne Zucker und einem Spritzer Zitronensaft für ca. 10 Minuten gekocht werden. Als Maß gilt ca. 200 g Obstwürfel (= ein bis zum Rand gefülltes Trinkglas à 250 ml) mit 50 ml Wasser und 1 TL Sesamöl mit dem Mixer auf höchster Stufe pürieren.
— Will man grüne Bestandteile wie Minzblätter, Petersilie, Basilikum, Babyspinat und/oder anderes Blattgemüse verwenden, sollte der Mixer die erforderliche Umdrehungszahl haben.
— Als Grundregel für grüne Smoothies gilt ⅓ grünes Blattgemüse, ⅓ Obst, ⅓ Wasser. Zuerst das Blattgrün mit dem Wasser pürieren und dann das Obst und 1 TL Sesam- oder Nussöl dazugeben.

SÜSSE BROTGERICHTE

Wer morgens Süßhunger hat, kann am Morgen jede Brot- oder Toastsorte, Weizenbrötchen, Vollkornbrötchen, aber auch Croissants genießen. Bestrichen wird das Brot mit einer dünnen Schicht Butter und anschließend mit Lieblingsmarmelade, Honig oder auch Nuss-Nougat-Creme.

TOAST MIT NUSS-NOUGAT-CREME

— Als Alternative zum klassischen Toasten Brot- bzw. Toastbrotscheiben in einer mit Butter gefetteten Pfanne von beiden Seiten anbraten.
— Anschließend mit Nuss-Nougat-Creme bestreichen und lauwarm verzehren.

VEG

CROISSANT MIT HELLER MARMELADE

— Croissant, Brötchen oder Brot dünn mit Butter bestreichen und helle Marmelade (z.B. Aprikose oder Orange) auftragen.
— Wer will, bestreut zum Schluss mit dünn gehobelter, dunkler Schokolade.

VEG

BRIOCHE A LA PLANCHA

— Für dieses typisch spanische Frühstück wird frische Brioche der Länge nach aufgeschnitten und in einer mit Butter gefetteten Pfanne von beiden Seiten angeröstet, wobei sie beim Braten möglichst flachgedrückt wird.
— Die noch warme Brioche wird dann mit Honig überzogen und mit frischem Obst der Saison serviert.

VEG

CHRONOTIPP

» Ahornsirup und Honig sind eine gute Alternative zu Zucker (z.B. in Tee) «

DAS HERZHAFTE FRÜHSTÜCK

Auch wenn tierisches Eiweiß aus Wurst, Käse und Eiern für das Frühstück verboten sind, muss man auf ein herzhaftes Frühstück nicht unbedingt verzichten. Aus Alternative dienen hier alle vegetarischen Aufstriche bzw. frische Gemüse und Kräuter.

SÜSSKARTOFFEL-AUFSTRICH

— 150 g Süßkartoffeln schälen, in Würfel schneiden und in gesalzenen Wasser weichkochen.
— Anschließend mit ½ EL Olivenöl, ½ EL Ahornsirup und 30 ml Sahne-Wasser-Gemisch (1:3) bzw. Sojajoghurt verrühren und dabei die Kartoffeln leicht zerdrücken. Zum Schluss mit Salz, Pfeffer, Muskat und gehackter Petersilie abschmecken und kalt als Brotaufstrich verwenden.

VEG
GTF
VGA — *bei Verwendung von Sojajoghurt*
LKF — *bei Verwendung von Sojajoghurt*

GERÖSTETES BROT MIT TOMATE

— Brot oder Toast in einer befetteten Pfanne rösten.
— Dünn mit Butter bestreichen, mit frischen Tomaten belegen und mit reichlich feingeschnittenem Schnittlauch bestreuen. Nach Wunsch salzen und pfeffern.

VEG

AVOCADO-AUFSTRICH

— Avocado entkernen, Schale entfernen und in kleine Stücke schneiden. Mit dem Saft von 1 Zitrone übergießen und zu Brei verarbeiten.
— Zum Schluss 1 feingehackte Zwiebel unterheben, salzen und pfeffern.

VEG — VGA — LKF — GTF

DAS SCHNELLE FRÜHSTÜCK

Wenn morgens kaum Zeit zum Frühstücken ist, kann man auf die schnelle Variante zurückgreifen bzw. am Vorabend ein Frühstück für unterwegs vorbereiten. Hier einige Vorschläge:

- 2 Brezeln mit je 1 EL Butter
  + 200 ml Multivitaminsaft oder 1 kleine Banane
- 1 Croissant + 1 Laugenstange
  + 250 ml Orangensaft + 1 großer Apfel
- 1 Becher frischer Obstsalat (400 g)
  vermengt mit 4 EL kernigen Haferflocken + 1 Croissant
- 1 Baguettebrötchen mit Butter, Salat und Tomate
  + 250 ml Multivitaminsaft
- 1 Blaubeer-Muffin + 1 Apfel + 1 Birne
- 300 g Vanille-Sojajoghurt,
  vermengt mit 4 EL Getreideflocken
  + 2 in Scheiben geschnittene Bananen
- 1 Donut (50 g) + 50 g Studentenfutter + 2 Bananen
- 300 g Melonen-Mix aus dem Salat-Kühlregal,
  vermengt mit 80 g Knuspermüsli + 250 g Apfelsaft
- 1 Schokocroissant
  + 300 ml Orangensaft + 2 kleine Äpfel
- 1 Rosinenbrötchen + 250 g Mango-Maracuja-Smoothie
  + 75 g getrocknete Aprikosen
- 1 Rosinenschnecke + 300 ml Apfelsaft

Die Insulin produzierenden Zellen sind zwischen etwa 11 und 16 Uhr weniger empfindlich. Kohlenhydrate und Eiweiß können besonders schnell aufgenommen werden. Deshalb darf um die Mittagszeit gesündigt werden: Alles ist erlaubt. Der Insulinspiegel bleibt dennoch im Normbereich, wobei Personen, die in unserem Stoffwechseltest (S. 27) Typ B sind, zu Mittag etwas weniger Kohlenhydrate konsumieren sollten als Typ A.

- **Suppen**
  Stärken zu Mittag, ohne im Magen zu liegen.
- **Eintöpfe**
  Wärmen von innen und sind ideal zum Aufwärmen im Büro.
- **Pasta in allen Varianten**
  Liebt die ganze Familie!
- **Cremige Risottos**
  Der italienische Klassiker ist ideal für ein chronobiologisch orientiertes Mittagessen.
- **Vielfältige Kartoffel- und Pfannkuchengerichte**
  Da ist für jeden etwas dabei, für Vegetarier wie für Fleischliebhaber.
- **Und vieles mehr!**

- Für alle, die mittags gerne ein Glas Wein oder Bier trinken: 0,2 Liter Wein oder 0,3 Liter Bier sind täglich erlaubt.

CHRONOTIPP

» Nudeln, Reis & Kartoffeln: Energielieferanten zur Mittagszeit «

MITTAG

DREIERLEI PASTA MIT UNTERSCHIEDLICHEN SAUCEN

ZUTATEN FÜR 2 PERSONEN

Knoblauchsauce
2 Knoblauchzehen
1 Zwiebel
1–2 frische Peperoncino
(oder 1 kleine getrocknete)
reichlich Öl zum Dünsten

Pesto
30 g Basilikum
10 g Pinienkerne
10 Walnüsse
50 g frisch geriebenener Pecorino
ca. 100 ml Olivenöl
Salz
Pfeffer

Salbei-Butter-Sauce
75 g Butter
10 Salbeiblätter

Pasta
100 g Farfalle
100 g Spagetti
100 g Bandnudeln
Salz
Parmesan zum Bestreuen
Pfeffer

ZUBEREITUNG

— Für die Knoblauchsauce Knoblauch und Zwiebel sehr fein hacken und mit dem Peperoncino in reichlich Öl in einer Pfanne ca. 10 Minuten dünsten lassen.

— Um das Pesto herzustellen, Basilikum, Pinienkerne, Walnüsse und Pecorino in einem Mörser mit dem Öl mixen, sodass eine homogene, leicht zähfliesende Masse entsteht. Mit Salz und Pfeffer abschmecken.

— Für die Salbei-Butter-Sauce Butter in einer Pfanne schmelzen lassen, etwas Öl hinzugeben und darin die Salbeiblätter anrösten, bis sie bruchfest werden.

— Die verschiedenen Nudeln in drei Töpfen in reichlich Salzwasser bissfest kochen. Abgießen und dabei etwas Kochwasser auffangen. Die Spagetti mit 1–2 EL Kochwasser zur Knoblauchsauce geben und unterheben. Ggf. kurz erneut erhitzen. Die Bandnudeln ohne Wasser zur Butter-Salbei-Sauce geben, ggf. erneut erhitzen und gut vermengen. Die Farfalle in eine vorgewärmte Schüssel füllen, mit dem Basilikum-Pesto vermengen. Ggf. 1–2 EL Nudelwasser dazugeben.

— Nudeln anrichten und sofort servieren. Nach Wunsch mit frisch geriebenem Parmesan und Pfeffer aus der Mühle bestreuen.

KÜRBIS-KAROTTEN-SUPPE

ZUTATEN FÜR 4 PERSONEN

1 Hokkaido-Kürbis (ca. 1 kg)
6 Karotten
1 große Zwiebel
Öl zum Anbraten
1 l Gemüsebrühe
Salz
Pfeffer
Muskat
3 überwiegend festkochende Kartoffeln
Paprikapulver
4 TL Kürbiskernöl
Brunnenkresse zum Garnieren

ZUBEREITUNG

— Kürbis ungeschält halbieren, Kerne entfernen, Kürbisfleisch in kleine Stücke schneiden. Karotten putzen und ebenfalls kleinschneiden. Zwiebel fein hacken. Kürbis, Karotte und Zwiebel in Öl in einer Pfanne kurz anbraten.

— In einen Topf geben. Mit so viel Brühe übergießen, dass die Stücke fast bedeckt sind. Ca. 30 Minuten kochen, dabei mehrfach umrühren. Wenn der Kürbis und die Karotten weich sind, mit dem Pürierstab zu einer homogenen Masse glattrühren (falls die Masse zu fest wird, etwas heißes Wasser/Brühe hinzugeben, falls sie zu dünn wird, mit Grieß binden) und mit Salz, Pfeffer und Muskat abschmecken.

— Während die Suppe kocht, Kartoffeln schälen, in kleine Würfel schneiden, im Paprikapulver wenden, etwas salzen und pfeffern. In ausreichend Öl ca. 15 Minuten kross durchbraten, sodass sie innen weich und außen goldgelb sind.

— Heiße Suppe in Teller geben, Kartoffelwürfel in der Mitte platzieren, mit Kürbiskernöl und Brunnenkresse garnieren.

> Wenn man statt Kartoffeln geröstete Kürbiskerne nimmt, eignet sich die Suppe auch als Abendessen.

SPITZKOHLSALAT MIT PUTENSTREIFEN

ZUTATEN FÜR 2 PERSONEN

½ Kopf Spitzkohl
1–2 TL Kümmel im Ganzen
Salz
1 TL Zitronensaft
125 g Feta
Pfeffer
Öl für den Salat
und zum Marinieren des Fleisches
milder Essig nach Geschmack
1–2 Putenbrüste
Paprikapulver
Chilipulver
Currypulver
½ rote Zwiebel
50 g gelbe Tomaten

ZUBEREITUNG

— Kohl vom Strunk befreien und in dünne Streifen bzw. Stücke schneiden. In einer Salatschüssel zusammen mit dem Kümmel, etwas Salz und Zitronensaft mit den Händen kneten, bis er saftig und leicht glasig wird. Zerkleinerten Fetakäse unterheben und mit Salz und Pfeffer abschmecken. Erst kurz vor dem Verzehr mit wenig Öl vermengen und mit Essig abschmecken, damit er nicht einfällt und grau wird.

— Putenfleisch ggf. von der Haut befreien, in Streifen schneiden und in einem Gemisch aus Paprika-, Chili- und Currypulver sowie Öl für ca. 20 Minuten marinieren.

— Währenddessen Tomaten und Zwiebeln in Scheiben bzw. Ringe schneiden und auf dem Salat anrichten. Fleisch in einer heißen Pfanne kross anbraten, warm zum Salat geben und servieren.

CHRONO TIPP

» Achten Sie bei Geflügel auf artgerechte Haltung, man schmeckt den Unterschied «

RISOTTO MAILÄNDER ART

ZUTATEN FÜR 2 PERSONEN

2 Zwiebeln
4 Handvoll Reis
Öl zum Braten
¾ l Gemüsebrühe
½ TL Safran
100 g geriebener Parmesan plus Parmesan zum Garnieren

ZUBEREITUNG

— Zwiebeln in dünne Streifen schneiden und zusammen mit dem Reis in Öl glasig anbraten. Etwas von der heißen Brühe und den in etwas Brühe aufgelösten Safran hinzugeben, gut verrühren und bei kleiner Hitze köcheln lassen. Immer, wenn die Brühe von Reis aufgenommen wurde, etwas heiße Brühe nachgießen, ab und an umrühren. Nach ca. 25 Min sollte der Reis nicht mehr bissfest, sondern „schlotzig“ sein.
— Käse unter den Reis heben, Risotto für ca. 10 Minuten ruhen lassen. Mit etwas Parmesan garnieren und servieren.

› Um die Gemüsebrühe selber herzustellen, 1 Bund Suppengrün putzen und in ca. 1 l Wasser geben. Mit 1 Lorbeerblatt, 5 Pfefferkörnern, 5 Pimentkörnern und Salz ca. 45 Minuten kochen lassen. Zum Schluss durch ein Sieb abseihen.

KOHL-SPECK-SUPPE

ZUTATEN FÜR 2 PERSONEN

½ Spitzkohl
1 Zwiebel
125 g Schinkenspeck
¾ l Gemüsebrühe
1 TL Kümmel im Ganzen
Salz
Pfeffer

ZUBEREITUNG

— Kohl vom Strunk befreien und in dünne Streifen bzw. Stücke schneiden. Schinkenspeck sowie die Zwiebel würfeln und gemeinsam in einer Pfanne kräftig anbraten.
— Kohl zugeben und bis zum Einfallen glasig werden lassen. Mit Brühe ablöschen, Kümmel dazugeben und weitere 20 Minuten köcheln lassen. Mit Salz und Pfeffer abschmecken und heiß servieren.

› Am besten schmeckt die Suppe, wenn sie am Folgetag erneut erwärmt wurde.

CHRONO TIPP

» Auch zum Mitnehmen ins Büro geeignet! «

STEINPILZRISOTTO

ZUTATEN FÜR 2 PERSONEN

75 g getrocknete Steinpilze
1 Zwiebel
4 Handvoll Reis
Öl zum Dünsten
¾ l heiße Gemüsebrühe
Salz
Pfeffer
70 g geriebener Parmesan
50 g Wildkräuter

ZUBEREITUNG

— Pilze ggf. in mittelgroße Stücke schneiden und für ca. 15 Minuten in lauwarmem Wasser einweichen. Währenddessen Zwiebel schneiden, zusammen mit dem Reis in Öl andünsten, bis der Reis glasig ist.
— Pilze abtropfen, Einweichwasser zur Seite stellen. Pilze unter den Reis heben und kurz anrösten. Mit dem Pilzwasser ablöschen und einkochen lassen. Nach und nach heiße Brühe hinzufügen und unter gelegentlichem Rühren den Reis köcheln, bis er weich bzw. schlierig ist. Parmesan unterheben, einen Teil der Wildkräuter zupfen und ebenfalls unterheben.
— Mit Salz und Pfeffer abschmecken und vor dem Servieren ca. 10 Minuten ruhen lassen. Auf vorgewärmten Tellern anrichten, mit den restlichen Kräutern bestreuen und servieren.

› Will man frische Steinpilze verwenden, diese putzen, in Scheiben schneiden und zusammen mit der Zwiebel in Öl anrösten. Dann erst den Reis hinzugeben. Sobald dieser glasig ist, mit Brühe löschen und schrittweise zu Ende garen.

MILCHREIS MIT GEBRATENEM APFEL

ZUTATEN FÜR 2–3 PERSONEN

½ l Milch
1 TL Vanillezucker
125 g Milchreis
Salz
1 EL Zucker
1 Apfel
1 EL Öl
1 EL Butter
2 EL Rosinen
1 EL Honig
1 TL Zimt

VEG — GTF

ZUBEREITUNG

— Milch, Vanillezucker und Reis in einen Topf geben, etwas salzen und kurz aufkochen. Ca. 25 Minuten ziehen lassen (nicht kochen), ab und an umrühren. Kurz vor dem Garende Zucker unterrühren.
— Während der Reis gart, Apfel entkernen und in Würfel schneiden. Öl-Butter-Gemisch in einer Pfanne erhitzen, Apfelstücke und Rosinen darin schwenken. Honig und Zimt dazugeben und leicht karamellisieren lassen. Auf den noch warmen Milchreis geben und servieren.

› Sollte der Reis zu fest werden, etwas lauwarme Mich hinzufügen. Sollte sich der Sud vor dem Servieren wieder verfestigt haben, kurz erneut erhitzen, ggf. 1–2 EL Wasser beigeben.

SPAGETTI ALLA CARBONARA

ZUTATEN FÜR 2 PERSONEN

1 Zwiebel
125 g durchwachsener Speck
Öl zum Anbraten
1 Ei
3 Eigelb
Salz
Pfeffer
250 g Spagetti
100 g frisch geriebener Parmesan

ZUBEREITUNG

— Zwiebel kleinhacken, Speck würfelig schneiden. Zusammen in Öl kross anbraten und warm halten.
— Ei mit den Eigelben schaumig-cremig schlagen, mit Salz und Pfeffer würzen.
— Nudeln in reichlich Salzwasser bissfest kochen. Abgießen, 2–3 EL Kochwasser auffangen. Nudeln und das aufgefangene Wasser in die warme Speck-Zwiebel-Pfanne geben und gut vermengen. Eier und 100 g Parmesan unterheben und gut vermengen, dabei darauf achten, dass die Eier nicht stocken, sondern cremig bleiben. Sofort auf vorgewärmten Tellern anrichten, mit dem restlichen Parmesan bestreuen und servieren.

CHRONO TIPP

» Die perfekte Mischkost-Mahlzeit! «

KARTOFFELRÖSTI MIT KRÄUTER-QUARK

ZUTATEN FÜR 2 PERSONEN

2 große überwiegend festkochende Kartoffeln (à ca. 200 g)
3 EL Öl-Butter-Gemisch (1:2)
reichlich gemischte frische Kräuter nach Wahl
150 g Magerquark
Salz
Pfeffer

ZUBEREITUNG

— Kartoffeln schälen, waschen und trocken tupfen. In grobe Stifte raspeln. Im Öl-Butter-Gemisch in einer Pfanne in Portionen von 2 EL von beiden Seiten goldbraun zu kleinen Rösti anbraten (dauert ca. 3–4 Minuten pro Seite). Fertig gebratene Rösti warmhalten.

— Apfel entkernen und in kleine Stücke schneiden. Kräuter hacken. Großteil der Kräuter unter den Quark heben, mit Salz und Pfeffer abschmecken. Warme Rösti mit Kräuter-Quark anrichten, mit Apfelstücken und restlichen Kräutern garnieren.

DUNKEL PANIERTE SCHNITZEL MIT PAPRIKA-POMMES

ZUTATEN FÜR 2 PERSONEN

6 überwiegend festkochende mittelgroße Kartoffeln
1 Tasse Öl
Salz
Pfeffer
Paprikapulver
300 g dünn geschnittene Schweineschnitzel
4–5 EL Weizenmehl
1–2 Eier
Paniermehl aus dunklem Brot

LKF

ZUBEREITUNG

— Kartoffeln schälen und in ca. 2 cm dicke Stifte schneiden. Mit Öl, Salz, Pfeffer und Paprikapulver in einer Schale vermengen und ca. 15 Minuten ruhen lassen. Anschließend alles auf ein Blech geben, gut verteilen, sodass die Kartoffelstifte möglichst nicht übereinander liegen, und im vorgeheizten Ofen bei ca. 180 °C für ungefähr 20 Minuten backen. Ab und an wenden. Zum Schluss nach Wunsch zusätzlich 5 Minuten grillen, damit sie besonders knusprig werden.

— Schnitzel kurz abspülen und gut abtupfen. Um den Garprozess zu vereinfachen, sollten die Schnitzel die Größe einer Handfläche nicht überschreiten – ggf. entsprechend kleiner schneiden. Von beiden Seiten leicht salzen und pfeffern. Nacheinander in Mehl, verquirltem Ei und in dunklem Paniermehl wälzen.

— Schnitzel in heißem Öl ausbraten, dabei mindestens einmal wenden, damit beide Seiten knusprig werden und die Panade aufgehen kann. Aus der Pfanne nehmen, ggf. überschüssiges Fett mit Küchenpapier aufsaugen lassen.

› Wer mag, kann zum Schnitzel frischen Meerrettich oder scharfen Senf reichen. Zu den Kartoffelstiften passt am besten selbstgemachter Ketchup. Dafür Tomaten mit etwas Tomatenmark ohne Zugabe von Wasser weichkochen, ggf. pürieren und mit Salz, Pfeffer und etwas Essig abschmecken.

KARTOFFEL-CHILI

ZUTATEN FÜR 4 PERSONEN

750 g überwiegend festkochende Kartoffeln
1 rote Paprika
1 kleine Zwiebel
100 g grüne Brechbohnen
500 g Tomaten
Öl zum Anbraten
getrockneter Thymian
450 g Mais-Kidneybohnen-Gemisch (Abtropfgewicht)
Salz
Pfeffer
Chili
4 EL Crème fraîche

ZUBEREITUNG

— Kartoffeln mit Schale ca. 15 Minuten kochen. Pellen und in dicke Scheiben schneiden.
— Entkernte Paprika in Würfel, Zwiebeln in Ringe schneiden, Bohnen mehrfach zerbrechen. Tomaten hacken, Saft dabei auffangen. Kartoffeln, Paprika, Brechbohnen und Zwiebeln in Öl in einer Pfanne scharf anbraten. Die kleingehackten Tomaten mit dem Saft hinzugeben und kurz aufkochen lassen. Mit Thymian würzen
— Mais-Kidneybohnen-Gemisch abtropfen lassen, kurz abspülen und hinzugeben, mit Salz, Pfeffer und Chili abschmecken. Ca. 10 Minuten weiterköcheln. In vorgewärmte Teller geben und mit Crème fraîche garnieren.

HIMMEL UND ERDE

ZUTATEN FÜR 2 PERSONEN

300 g Kartoffeln
270 g Äpfel
Salz
etwas Zucker
etwas Essig
1 Zwiebel
50 g durchwachsener Speck
Öl zum Anbraten

LKF — GTF

ZUBEREITUNG

— Kartoffeln schälen und würfeln, Äpfel vierteln, Kerngehäuse entfernen. Kartoffeln und Äpfel in 150 ml kochendem Salzwasser mit etwas Zucker und Essig weichköcheln. Mit der Kochflüssigkeit mit einem Kartoffelstampfer zu grobem Brei stampfen. Sollte es zu fest werden, etwas Wasser zugeben. Nochmals mit Essig, Salz und Zucker abschmecken.
— Während die Kartoffel-Apfel-Mischung kocht, Zwiebel in Ringe schneiden und den Speck würfeln. In einer Pfanne erst den Speck in etwas Öl kurz anbraten und anschließend die Zwiebel goldgelb anrösten.
— Apfel-Kartoffel-Stampf auf warmen Tellern anrichten und mit Zwiebel-Speck-Gemisch bedecken.

› In vielen Regionen wird zu diesem Rezept gebratene Blutwurst serviert: Blutwurst in ca. 1–2 cm dicke Scheiben schneiden und auf beiden Seiten knusprig anbraten.

WIRSING-RISOTTO MIT SCHINKENTREIFEN

ZUTATEN FÜR 2 PERSONEN

1 weiße Zwiebel
500 g Wirsing
1 EL Öl
4 Handvoll Reis
450 ml Gemüsebrühe
50 ml Sahne
Salz
Pfeffer
2 EL frisch geriebener Parmesan
125 g Putenschinken

ZUBEREITUNG

— Zwiebel kleinschneiden. Wirsing in feine Streifen schneiden. Zwiebel in Öl glasig anbraten. Reis zugeben und unter Rühren ebenfalls glasig werden lassen. ⅓ der Gemüsebrühe zugeben, bis der Reis bedeckt ist. Rühren und ca. 10 Minuten köcheln lassen. Nochmals ⅓ der Brühe dazugeben, ab und an umrühren.

— Nach weiteren 10 Minuten den Rest der Brühe und die Wirsingstreifen einrühren. Nach ca. weiteren 10 Minuten angewärmte Sahne und Gewürze unterrühren, der Reis sollte kaum noch fest sein.

— Parmesan unter den Reis heben, Risotto für ca. 10 Minuten ruhen lassen. Zum Anrichten mit dem in Streifen geschnittenen Schinken garnieren.

› Für eine vegetarische Variante kann der Schinken z.B. durch rote Paprikastreifen ersetzt werden.

CHRONOTIPP

» Risotto ist ein perfektes Mittagessen für die Chronodiät «

MARINIERTE RINDERSCHULTER MIT ROTKOHL UND GEBRATENEN POLENTASTREIFEN

ZUTATEN FÜR 6 PERSONEN

Rinderschulter
1,5 kg Rinderschulter
je 2 Zweige Rosmarin und Thymian
10 Pfefferkörner
½ l Rotwein oder roter Traubensaft
1 Stange Lauch
2 Karotten
2 Zwiebeln
½ Sellerie
Salz
Pfeffer
100 g Butterschmalz
½ l Kalbsfond
2 EL Sahne
1 TL Maismehl

Rotkohl
1 kleiner Kopf Rotkohl
1 weiße Zwiebel
50 g Butterschmalz
2 EL Essig
1–2 Äpfel
2 Nelken
2 Lorbeerblätter
Salz
nach Bedarf Rotwein oder Traubensaft zum Abschmecken

Polentastreifen
½ l Wasser-Sahne-Gemisch (400 ml Wasser + 100 ml Sahne)
Salz
125 g Polenta (grobkörnig)
50 g Butter

ZUBEREITUNG

— Für den Rotkohl den Kohlkopf vierteln, den Strunk entfernen und den Kohl in dünne Stifte schneiden/hobeln. Zwiebel fein schneiden. Kohl und Zwiebel in einem Topf mit Butterschmalz und Essig glasig andünsten, bis der Kohl eingefallen ist.

— Äpfel entkernen und in kleine Stifte schneiden, mit Nelken, Lorbeer, etwas Salz sowie ¼ l Wasser hinzugeben und bei mittlerer Hitze offen ca. 30–40 Minuten köcheln lassen, dabei öfters umrühren. Ggf. mit dem Rotwein (Traubensaft) abschmecken.

— Für die Polenta Wasser-Sahne-Gemisch langsam erhitzen und salzen. Sobald es kocht, Polenta unter ständigem Rühren einrühren, dabei darauf achten, dass sich keine Klumpen bilden. Ca. 10 Minuten bei schwacher Hitze köcheln/ziehen lassen, gelegentlich umrühren. Kurz vor Ende ⅔ der Butter hinzugeben.

— Polenta in eine Auflaufform gießen und erkalten lassen. Kurz vor dem Servieren in gleichmäßige Streifen schneiden, in einer Pfanne von beiden Seiten in restlicher Butter anbraten und anrichten.

— Fleisch in ca. 3 x 3 cm große Stücke schneiden. Mit Rosmarin, Thymian, Pfefferkörnern und Rotwein (Traubensaft) in einen verschließbaren Beutel geben und 24 Stunden marinieren.

— Über einem Sieb ausgießen, dabei die Marinade auffangen. Lauch, Karotten, Zwiebeln und Sellerie in Scheiben/Würfel schneiden. Abgetropftes Fleisch etwas salzen und pfeffern, portionsweise mit Gemüse und den Gewürzen aus der Marinade in heißem Butterschmalz scharf anbraten.

— In einen Topf geben, etwas Marinade hinzufügen. Bei geschlossenem Deckel ca. 1 ½ Stunden schmoren lassen, immer wieder Marinade hinzugeben und fast vollständig einkochen lassen. Kalbsfond hinzugeben und mit dem Fleisch weitere 30 Minuten auf etwa die Hälfte einkochen lassen. Fleisch herausnehmen, etwaige Kräuterstiele entfernen, Sauce mit dem Pürierstab schaumig rühren. Sahne einrühren, ggf. mit Maismehl andicken. Fleisch hinzugeben und kurz aufkochen.

› Bis auf das Anbraten der Polenta und das Andicken der Sauce kann das Gericht am Vortag vorbereitet werden.

HERZHAFT GEFÜLLTE CRÊPES

ZUTATEN FÜR 2 PERSONEN

100 g Mehl
200 ml Milch
1 Ei
2 EL Öl plus Öl zum Braten
Salz
Muskat
1 Bund Suppengrün
150 g Hackfleisch
(Rind:Schwein ⅓:⅔)
Pfeffer
2 große Tomaten
100 g frisch geriebener Käse
nach Wahl
Schnittlauch zum Bestreuen

ZUBEREITUNG

— Mehl, Milch, Ei, 2 EL Öl, Salz und Muskat zu einem glatten Teig verrühren. 10 Minuten quellen lassen.
— Eine beschichtete Pfanne dünn mit Öl auspinseln und erhitzen. Teig portionsweise dünn in der Pfanne verteilen und auf beiden Seiten hellbraun braten. Auf diese Weise nacheinander 8 dünne Crêpes backen. Fertige Crêpes zur Seite stellen.
— Suppengemüse in kleine Würfel schneiden. Mit dem Hackfleisch scharf anbraten, salzen und pfeffern. Tomaten in kleine Stücke schneiden und unterheben. Ca. 10 Minuten dünsten.
— Mischung in die Crêpes verteilen, Crêpes aufrollen. In eine Auflaufform geben, mit Käse bestreuen und für ca. 15 Minuten im vorgeheizten Ofen bei 180 °C überbacken. Mit Schnittlauch bestreuen. Warm servieren.

OMAS NUDELAUFLAUF

ZUTATEN FÜR 2 PERSONEN

250 g kleinformatige Nudeln,
z.B. Spiralen, Trulli …
Salz
150 g Kochschinken
(alternativ Wurst am Stück)
5–6 Tomaten
75 g Butter
2 Eier
1 Tasse Milch oder Sahne
Pfeffer
Muskatnuss
75 g frisch geriebener Käse

ZUBEREITUNG

— Nudeln in Salzwasser kochen. Abgießen und kurz abschrecken. Schinken und Tomaten in gleichgroße Würfel schneiden und mischen. Eine Auflaufform am Boden mit einem Teil der Butter einfetten. Abwechselnd Nudeln und Wurst-Tomaten-Gemisch einfüllen. Als letzte Schicht sollte eine Nudelschicht alles bedecken.
— Eier mit der Milch gut verquirlen und mit Salz, Pfeffer und Muskat würzen. Auflauf damit übergießen und im vorgeheizten Backofen bei ca. 120 °C backen. Nach ca. 20–25 Minuten Käse und die in Flocken zerteilte restliche Butter darüber streuen und weitere 5–10 Minuten goldgelb werden lassen. Kurz ruhen lassen und warm servieren.

GEMÜSE-QUARK-KUCHEN

ZUTATEN FÜR 2 PERSONEN

2 Frühlingszwiebeln
50 g Rosenkohl
50 g Cocktailtomaten
50 g Brokkoliröschen
50 g rote Paprika
50 g Zucchini
½ Bund Petersilie
Öl zum Braten und für die Form
Salz
Pfeffer
500 g Magerquark
3 Eier
2 EL frisch geriebener Emmentaler
3 EL Hartweizengrieß
Muskat
2 EL Crème fraîche
bunter Pfeffer aus der Mühle

ZUBEREITUNG

— Frühlingszwiebeln in dünne Scheiben schneiden, Rosenkohl vierteln, Tomaten in kleine Stücke schneiden, Brokkoli in kleine Stücke zupfen. Paprika kleinschneiden, Zucchini grob raspeln. Petersilie abzupfen und fein hacken.

— Frühlingszwiebeln in einer Pfanne in Öl andünsten, Gemüse dazugeben und mitbraten. Abkühlen lassen, salzen und pfeffern.

— Quark mit den Eiern glattrühren. Nach und nach Emmentaler, Grieß, Gemüse und Petersilie untermischen und zu einer glatten Masse verrühren. Mit Salz, Pfeffer und Muskatnuss würzen. Eine runde Form (18 cm Durchmesser) ausfetten, Gemüse-Quark-Mischung einfüllen.

— Im vorgeheizten Ofen bei 180 °C 35–40 Minuten goldbraun backen. Vor dem Servieren ca. 10 Minuten bei Zimmertemperatur ruhen lassen. Mit Crème fraîche garniert servieren, mit buntem Pfeffer bestreuen..

› Lässt sich gut auch in Portionsförmchen zubereiten (Backzeit entsprechend reduzieren). Grüner Salat passt gut dazu.

CHRONOTIPP

» Die Gemüsemischung kann man je nach Saison und Geschmack variieren «

GEFÜLLTE OFENKARTOFFELN

ZUTATEN FÜR 2 PERSONEN

2 große Ofenkartoffeln
Salz
1 rote Paprika
50 g Feta
150 g Hackfleisch
(Rind:Schwein ⅔:⅓)
1 Ei
Pfeffer
4 Fleischtomaten
1 Zwiebel
Öl zum Anbraten
1 EL Tomatenmark
frische Kräuter zum Anrichten

ZUBEREITUNG

— Kartoffeln waschen und ungeschält in Salzwasser weichkochen. Anschließend halbieren und aushöhlen, sodass 4 Schalen mit einer ca. 1 cm dicken Wand entstehen. Paprika klein würfeln, Feta zerbröseln. Das Entnommene aus den Kartoffeln mit Fleisch, Paprikawürfeln, Feta und Ei zu einer Masse verarbeiten und mit Salz und Pfeffer abschmecken. Kartoffeln gleichmäßig damit befüllen, im vorgeheizten Backofen bei 180 °C auf einem Blech für ca. 20 Minuten backen.

— Für die Sauce die Tomaten sehr klein hacken bzw. grob pürieren. Zwiebel würfeln. Zwiebeln und Tomaten inkl. Saft in einer Pfanne in Öl anbraten, bei stärkerer Hitze ca. 15 Minuten köcheln. Tomatenmark hinzugeben, für weitere 5 Minuten kochen lassen, nach Geschmack mit Salz und Pfeffer würzen.

— Kartoffeln auf Tellern anrichten, mit der Sauce umgießen, mit Kräutern garnieren und heiß servieren.

PELLKARTOFFELN MIT TOMATEN-EIER-QUARK

ZUTATEN FÜR 2 PERSONEN

4 Eier
200 g Tomaten
2 Frühlingswiebeln
1 Bund Schnittlauch
500 g Quark
4 EL Sahne
Salz
Pfeffer
4 große Kartoffeln

VEG — GTF

ZUBEREITUNG

— Eier für ca. 10 Minuten in kochendem Wasser hart kochen. Gut abschrecken, abkühlen lassen, pellen und würfeln.

— Tomaten und Frühlingszwiebeln möglichst klein würfeln bzw. in dünne Ringe schneiden. Schnittlauch in Röllchen schneiden.

— Quark mit der Sahne verrühren. Nach und nach Tomaten, Zwiebeln, Eierwürfel und Schnittlauch untermengen, mit Salz und Pfeffer würzen. Vor dem Verzehr für ca. 30 Minuten an einem kühlen Ort ruhen lassen.

— Kartoffeln ungeschält kochen (ca. 20 Minuten). Abgießen und vorsichtig pellen. Noch warm mit dem Tomaten-Eier-Quark servieren.

MAISPFANNKUCHEN MIT GEMÜSEFÜLLUNG

ZUTATEN FÜR 2 PERSONEN

2 Tomaten
1 Paprika
2 Zucchini
50 g Spinat
50 g grüne Brechbohnen
2 EL Öl-Butter-Mischung
Salz
Pfeffer
50 g frische gehackte Kräuter (z.B. Schnittlauch, Petersilie, Basilikum)
400 ml Milch
3 Eier
150 g Maismehl
2 EL Zucker
Öl zum Braten

ZUBEREITUNG

— Tomaten in kleine Würfel schneiden. Paprika entkernen. Paprika und Zucchini in kleine Streifen schneiden. Spinat von groben Stängeln befreien. Mit den Brechbohnen, Paprika und Zucchini in etwas Fett oder Öl ca. 10 Minuten in einer Pfanne anschwitzen. Tomatenwürfel samt Saft hinzugeben, mit Salz und Pfeffer abschmecken und weitere 10 Minuten köcheln lassen. Falls notwendig etwas Wasser hinzugeben.

— Kräuter mit der Milch vermengen und mit dem Pürierstab verquirlen. Eier gut schaumig schlagen und anschließend mit Maismehl und Milch zu einem leicht zähfließenden Teig vermengen, mit Salz und Zucker abschmecken. Ca. 10–15 Minuten ruhen lassen.

— Teig portionsweise in einer gefetteten, vorgewärmten Pfanne auf beiden Seiten goldbraun zu dünnen Pfannkuchen braten. Fertig gebratene Pfannkuchen warm stellen. Gebratenes Gemüse in den Pfannkuchen einrollen, Pfannkuchen warm servieren.

› Dazu passt Kräuterjoghurt.

CHRONOTIPP

» Maismehl ist ein tolle glutenfreie Alternative für Pfannkuchen «

Abends wird Fleisch, Fisch, Eier oder Tofu mit Salat oder Gemüse kombiniert. Achten Sie darauf, dass Sie auf Kohlenhydrate verzichten!

- **Feine Suppen**
  Für ein angenehm leichtes Abendessen.
- **Gemüsegerichte in Hülle und Fülle**
  Schmecken am besten mit Gemüse aus regionalem und saisonalem Anbau.
- **Eier, Fleisch und Fisch**
  Ideale Eiweißlieferanten für das chronobiologisch orientierte Abendessen.

- Auch abends ist ein Glas Wein oder Bier (entweder mittags oder abends) erlaubt. Alkoholische Getränke machen allerdings schnell wieder Appetit. Tee und Wasser zum Abendessen machen auf Dauer das Abnehmen leichter.

CHRONO TIPP

» Eiweiß sorgt für ein lang anhaltendes Sättigungsgefühl «

ABEND

BROKKOLISUPPE

ZUTATEN FÜR 2 PERSONEN

1 großer Brokkoli
1 Zwiebel
Öl zum Anbraten
¼ l Gemüsebrühe
Salz
Pfeffer
Muskatnuss
Wildkräuter zum Garnieren

ZUBEREITUNG

— Brokkoli in größere Stücke schneiden.
Der hölzerne Strunk kann mitgekocht werden, sollte nach dem Kochen aber herausgenommen werden.
— Zwiebel hacken. In einem Topf in Öl kurz anbraten. Mit Brühe ablöschen. Brokkoli dazugeben und weichkochen. Er sollte gerade bedeckt sein, ggf. die Brühe mit Wasser ergänzen.
— Strunk und einen Teil des Brokkoli herausnehmen (ggf. den Brokkoliteil etwas früher, damit er nicht zerfällt). Restlichen Brokkoli in der Flüssigkeit mit dem Pürierstab cremig rühren und mit Salz, Pfeffer und Muskat abschmecken. Herausgenommenen Brokkoli mundgerecht schneiden und in die Suppe geben. Mit Wildkräutern garnieren.

HÄHNCHEN-PASTINAKEN-SUPPE

ZUTATEN FÜR 2 PERSONEN

1 Zwiebel
5 Pfefferkörner
1 Lorbeerblatt
2 Hähnchenkeulen
Salz
Pfeffer
150 g Frühlingszwiebeln
200 g geschälte Pastinaken
Zitronensaft zum Abschmecken
Petersilie zum Anrichten

LKF — GTF

ZUBEREITUNG

— Zwiebel halbieren und mit Pfefferkörnern und Lorbeerblatt in 1 l Wasser kurz aufkochen.
— Hähnchenkeulen im Gelenk teilen, ins kochende Wasser geben und mit leicht geöffnetem Deckel bei mittlerer Hitze ca. 45 Minuten garen lassen.
— Währenddessen Frühlingszwiebeln (Weißes und Hellgrünes) in schräge, dünne Scheiben schneiden. Pastinaken in Stife hobeln.
— Fertige Hühnerbrühe durch ein Sieb gießen. Hühnerteile zur Seite stellen. Brühe erneut aufkochen. Pastinaken kurz in der Brühe mitkochen. Hitze abschalten. Frühlingszwiebeln zur Suppe geben und 1–2 Minuten darin ziehen lassen.
— Hähnchen enthäuten, Fleisch von den Knochen lösen und grob zerzupfen. Fleisch zur Suppe geben. Mit Salz, Pfeffer und Zitronensaft abschmecken. Mit frisch gehackter Petersilie servieren.

GEMÜSESPAGETTI MIT PILZSAUCE

ZUTATEN FÜR 2 PERSONEN

1 Zwiebel
200 g frische Pilze
Olivenöl zum Braten
Salz
Pfeffer
¼ l Gemüsebrühe
2 Zucchini
4 Karotten
¼ TL scharfes Paprikapulver

ZUBEREITUNG

— Zwiebel und Pilze in dünne Scheiben/Ringe schneiden und in etwas Öl anbraten, bis die Pilze eingefallen sind. Mit Salz und Pfeffer würzen und für ca. 15 Minuten mit der Brühe köcheln lassen.
— Zucchini und Karotten mit dem Sparschäler in dünne, lange Streifen oder mit einem Spiralmesser in lange „Bandnudeln" schneiden. Ca. 1–2 Minuten kochen, sofort abgießen.
— Gemüsenudeln mit den Pilzen vermengen, mit Paprika abschmecken und sofort anrichten.

SPANISCHE ZUCCHINI-TORTILLA

ZUTATEN FÜR 2 PERSONEN

½ Zwiebel
200 g Zucchini
Olivenöl zum Braten
Salz
Pfeffer
2 Tomaten
Oregano
4 Eier
1 EL Milch
1 EL geriebener Käse

VEG — GTF

ZUBEREITUNG

— Zwiebel fein hacken. Zucchini in sehr feine Scheiben hobeln. Olivenöl in einer beschichteten Pfanne erhitzen, Zwiebel, Zucchini und Tomaten unter mehrfachem Wenden 4–5 Minuten braten. Mit Salz, Pfeffer und Oregano würzen. Aus der Pfanne nehmen und beiseite stellen.
— Tomaten würfeln und zum Gemüse geben. Eier mit Milch und Käse verrühren und unter das Gemüse heben. Mit Salz und Pfeffer würzen. Öl in der Pfanne erhitzen, Eier-Gemüse-Mischung darin zugedeckt 4–5 Minuten braten. Umdrehen, für 2–3 Minuten auf der zweiten Seite fertig braten.

LINSENSUPPE

ZUTATEN FÜR 2 PERSONEN

300 g Pastinaken
100 g Karotten
100 g Sellerie
100 g Lauch
1 EL Öl
500 ml Gemüsebrühe
200 g gekochte Linsen (Abtropfgewicht)
3 EL Essig
Schnittlauch zum Anrichten

ZUBEREITUNG

— Gemüse in kleine Würfel (ca. 5 mm Kantenlänge) schneiden und mit dem Öl in einem Topf anrösten.
— Mit Brühe ablöschen, Linsen hinzugeben. Alles für ca. 25 Minuten köcheln lassen.
— Mit Essig abschmecken. Mit frischem Schnittlauch bestreut servieren.

SEELACHS MIT KAROTTEN-RADICCHIO-ORANGEN-SALAT

ZUTATEN FÜR 2 PERSONEN

Salat
1 Radicchio
200 g Karotten
2 Orangen
1 EL Limettensaft
1 TL Honig
2 EL ÖL
2 EL Weißweinessig
Salz, Pfeffer
1 Limette
Seelachs
2 EL Röstzwiebeln
¼ TL Chiliflocken
4 Pfefferkörner
½ TL Koriander
300 g Seelachsfilet
2 TL ÖL

ZUBEREITUNG

— Radicchio in mundgerechte Stücke zerteilen. Karotten mit dem Sparschäler in dünne Streifen schälen. Orangen filetieren. Alles zusammen in eine Schüssel geben, vermengen und Limettensaft unterheben.
— Röstzwiebeln, Chiliflocken, Pfefferkörner und Koriander im Mörser fein zerstoßen und auf einen Teller geben. Seelachsfilet halbieren, beidseits mit Öl bestreichen und mehrfach in den zerstoßenen Gewürzen wenden. Nochmals mit Öl beträufeln und auf ein mit Backpapier ausgelegtes Backblech legen. Im vorgeheizten Backofen bei 200 °C ca. 10–12 Minuten garen.
— Honig, Öl, Weißweinessig mit 4 EL Wasser stark verquirlen und mit Salz und Pfeffer abschmecken. Kurz vor dem Anrichten unter den Karotten-Radicchio-Orangen Salat mischen. Salat und Fisch gemeinsam anrichten.

LKF — GTF

TAGLIATA AUF RUCOLA UND TOMATEN

ZUTATEN FÜR 2 PERSONEN

500 g Rinderfilet
Olivenöl zum Marinieren und Beträufeln
Salz
grob zerstoßener schwarzer und weißer Pfeffer
100 g Rucola
800 g Honigtomaten

ZUBEREITUNG

— Fleisch in dünne Streifen schneiden. Mit Öl, Salz und Pfeffer für ca. 15 Minuten marinieren. Rucola waschen, grob zerkleinern und in eine große, flache Auflaufform oder auf ein Backblech geben. Tomaten halbieren, über den Rucola verteilen. Mit Öl beträufeln und salzen. Ca. 2–3 Minuten im vorgeheizten Backofen bei 250 °C andünsten.
— Fleisch über das warme Gemüse legen. Ofen kurz etwas abkühlen lassen. Grillfunktion einschalten, Tagliata ca. 2–3 Minuten grillen.

LOW-CARB-PIZZA

ZUTATEN FÜR 4 PERSONEN

4 Dosen Thunfisch
4 Eier
Butter für das Blech
8 Flaschentomaten
Salz
Pfeffer
150 g Champignons
2 Paprika
1 Zwiebel
1 Handvoll schwarze Oliven
ca. 200 g Mozzarella
Oregano

GTF

ZUBEREITUNG

— Thunfisch gut abtropfen lassen. Mit den Eiern zu einer homogenen Masse verarbeiten. Auf einem mit Butter gefetteten Backblech gleichmäßig verteilen und für ca. 10 Minuten bei 180 °C im vorgeheizten Ofen vorbacken. Aus dem Ofen nehmen und leicht abkühlen lassen.
— Währenddessen Tomaten sehr klein schneiden. Mit dem Saft in einer Pfanne dünsten, mit Salz und Pfeffer würzen. Champignons und Paprika kleinschneiden. Zwiebel in Ringe schneiden.
— Abgekühlten Teig gleichmäßig mit Tomaten bedecken. Mit Champignons, Paprika, Zwiebelringen und Oliven bestreuen.
— Mozzarella in dünne Scheiben schneiden. Pizza damit belegen. Mit Salz, Pfeffer und Oregano würzen. Ca. 25–30 Minuten im vorgeheizten Ofen bei 180 °C fertig backen.

› Statt Thunfisch eignet sich auch gekochter, zu Mus verarbeiteter Blumenkohl.

SPITZKOHLSALAT

ZUTATEN FÜR 2 PERSONEN

½ Spitzkohl
1 rote Zwiebel
1 Spritzer Weißweinessig
Salz
Pfeffer
2–3 EL Olivenöl
Blüten und Wildkräuter
zum Garnieren

ZUBEREITUNG

— Kohl vom Strunk befreien und in dünne Streifen bzw. Stücke schneiden. Zwiebel würfeln und gemeinsam in einer Pfanne kräftig anbraten.
— Kohl zugeben und bis zum Einfallen glasig werden lassen. Mit Brühe ablöschen und weitere 20 Minuten köcheln lassen. Mit Öl vermischen, mit Salz und Pfeffer abschmecken, garnieren und heiß servieren.

› Ideal zu allen Fleischgerichten als Beilage oder als Salat. Wer mag, gibt mit dem Öl auch lauwarmen Schinken, der zuvor kross angebraten wurden, dazu. Um den Kohl verdaulicher zu machen, kann 1 TL Kümmel beigemischt werden.

BUNTE GRILLSPIESSE

ZUTATEN FÜR 2 PERSONEN

200 g Schweinefilet
1 rote Paprika
1 grüne Paprika
1 gelbe Paprika
200 g Cocktailtomaten
2 Zwiebeln
1 EL Olivenöl
2 EL Zitronensaft
Kräuter der Provence
Salz
Pfeffer

LKF — GTF

ZUBEREITUNG

— Filet in ca. 2 cm große Würfel schneiden. Paprikaschoten halbieren, von Kernen befreien und in gleichgroße Würfelstücke/Rechtecke schneiden. Tomaten halbieren. Zwiebeln schälen und achteln. Alles in einer Schüssel mit Olivenöl, Zitronensaft und Kräutern vermischen und für 30 Minuten durchziehen lassen.
— Aus der Marinade nehmen. Abwechselnd auf Grillspießchen stecken. Salzen, pfeffern und auf einem mit Backpapier ausgelegten Backblech im auf 220 °C vorgeheizten Ofen 10 Minuten grillen, dabei mehrfach wenden.

CHRONOTIPP

» Die Spieße eignen sich auch sehr gut für Cocktail-Partys «

ÜBERBACKENE AUBERGINEN

ZUTATEN FÜR 4 PERSONEN

4 Auberginen à 250 g
Salz
500 g Tomaten
300 g Büffelmozzarella
2 Knoblauchzehen
Oregano
1 TL scharfer Paprika
Butten für die Form
Pfeffer
Öl zum Beträufeln

ZUBEREITUNG

— Auberginen längs mehrfach einschneiden, wobei sie an den Stielenden noch zusammenhängen müssen.
— Tomaten überbrühen, die Haut abziehen und Ansätze rausschneiden. Tomaten und Mozzarella in Scheiben schneiden. Tomatensaft auffangen. Knoblauch fein würfeln, mit Oregano und scharfem Paprika mischen.
— Auberginen in eine gebutterte feuerfeste Form legen. Tomaten und Mozzarella mit Oregano-Knoblauch-Paprika-Mischung würzen und in die Einschnitte stecken. Mit Salz und Pfeffer würzen und mit Öl und dem aufgefangenen Tomatensaft beträufeln. Im vorgeheizten Backofen bei 225 °C etwa 50 Minuten backen.

KOTELETT MIT BRATGEMÜSE

ZUTATEN FÜR 2 PERSONEN

2 Koteletts
Salz
Pfeffer
½ Zwiebel
1 Knoblauchzehe
100 g Cocktailtomaten
1 Zucchini
1 gelbe Paprika
1 rote Paprika
Öl zum Braten
Kräuter der Provence
1 Glas Weißwein
(oder heller Traubensaft)

LKF — GTF

ZUBEREITUNG

— Fleisch waschen und trockentupfen, in ca. 1,5 cm dicke Scheiben schneiden. Leicht salzen und pfeffern, kurz ruhen lassen. Zwiebel und Knoblauch hacken, Gemüse in kleine Würfel schneiden. Koteletts in heißem Öl von beiden Seiten anbraten und anschließend warm stellen.
— Im gleichen Öl Zwiebel und Knoblauch andünsten, Gemüsewürfel dazugeben und für ca. 8 Minuten weichbraten. Salzen und pfeffern, Kräuter der Provence und Fleisch dazugeben, mit Weißwein (Traubensaft) ablöschen und für weitere 5 Minuten mit geschlossenem Deckel ziehen lassen. Alles auf vorgewärmten Tellern anrichten und servieren.

LACHSFORELLE MIT BROKKOLI UND KOKOSSCHAUM

ZUTATEN FÜR 2 PERSONEN

Lachsforelle
350 g Lachsforellenfilet
2 TL Zitronensaft
Salz
Pfeffer
Rosmarin
1 EL Olivenöl

Kokosmilchschaum
½ Schalotte
Olivenöl zum Anbraten
50 ml Weißwein
(oder heller Traubensaft)
Salz
weißer Pfeffer
150 ml Kokosmilch
½ TL Zitronensaft

Brokkoli
350 g Brokkoli
Öl
Salz
etwas Koriander

Gebratene Zitrone
1 Bio-Zitrone
Butter zum Braten

ZUBEREITUNG

— Für den Schaum Schalotte fein schneiden. In wenig Olivenöl in einem kleinen Topf glasig anbraten, mit Weißwein (Traubensaft) ablöschen. Mit Salz und weißem Pfeffer würzen, zum Köcheln bringen. Kokosmilch aufgießen, auf kleiner Flamme ca. 20 Minuten leicht köcheln lassen.

— Mit einem Stabmixer fein pürieren. Ein letztes Mal kurz aufkochen lassen, mit Zitronensaft abschmecken. Direkt vor dem Servieren ggf. nochmals kurz aufwärmen und mit dem Pürierstab aufschäumen.

— Während die Sauce köchelt, Lachsforellenfilet halbieren, mit Zitronensaft beträufeln und mit Salz, Pfeffer und Rosmarin würzen. In einer Pfanne im Öl auf der Hautseite knusprig anbraten. Wenden und auf der Innenseite kurz fertig braten.

— Parallel dazu Brokkoli in Röschen zerteilen, Röschen längs halbieren. Mit Öl in einer Pfanne leicht braten, mit Salz und Koriander würzen.

— Zitrone halbieren und in etwas Butter auf der Schnittseite kurz anrösten. Gebratenen Fisch mit Kokosschaum, Brokkoli und Zitrone anrichten.

KOHLRABI-LAUCH SUPPE

ZUTATEN FÜR 2 PERSONEN

½ Zwiebel
1 Kohlrabi
1 Stange Lauch
Öl zum Andünsten
600 ml Gemüsebrühe
50 ml Sahne
50 ml saure Sahne
Salz
Pfeffer

ZUBEREITUNG

— Zwiebel und Kohlrabi in kleine Würfel, Lauch in Ringe schneiden. Zwiebel und Lauch in einem Topf in Öl glasig andünsten. Mit Brühe ablöschen, Kohlrabi dazugeben und 15 Minuten bei mittlerer Hitze köcheln lassen.

— Gut die Hälfte des Gemüses mit der Flüssigkeit pürieren. Anschließend die anderen Hälfte des Gemüses wieder untermischen. Ggf. weitere 5 Minuten köcheln.

— Sahne und saure Sahne verquirlen. Unterrühren, Suppe nicht mehr kochen. Mit Salz und Pfeffer abschmecken.

SCHWEINEMEDAILLONS MIT CHICORÉE

ZUTATEN FÜR 2 PERSONEN

Chicorée
2 Chicorée
1 Zwiebel
1 EL Butter
1 TL Currypulver
200 ml Gemüsebrühe
50 ml Schlagsahne
Salz
weißer Pfeffer
½ TL Orangenabrieb
1 EL Orangensaft
1 TL Zitronensaft

Schweinemedaillons
4 Schweinemedaillons
Salz
Pfeffer
Öl zum Braten

ZUBEREITUNG

— Chicorée längs halbieren, Strunke keilförmig herausschneiden. Zwiebel fein würfeln.

— Butter in einer Pfanne zerlassen, Chicorée darin von beiden Seiten für maximal 1–2 Minuten anbraten. Herausnehmen und in eine ofenfeste Form setzen. Zwiebelwürfel im gleichen Bratfett andünsten, Currypulver kurz mitdünsten. Brühe und Sahne in die Pfanne hinzugeben, einmal kurz aufkochen und ohne Deckel ca. 2 Minuten weiterköcheln lassen.

— Mit Salz, Pfeffer, Orangenabrieb, Orangensaft und Zitronensaft verrühren. Über den Chicorée gießen und im auf 190 °C vorgeheizten Ofen für ca. 15 Minuten fertig garen.

— Währenddessen die Medaillons mit Salz und Pfeffer auf beiden Seiten würzen und in einer beschichteten Pfanne in Öl von beiden Seiten scharf anbraten. Hitze reduzieren, Medaillons zartrosa weiterbraten. Vor dem Servieren kurz warm ruhen lassen. Mit dem Chicorée anrichten.

GTF — *bei Verwendung glutenfreier Brühe*

GEFÜLLTE BRATWÜRSTE MIT PAPRIKAGEMÜSE UND TOMATENSAUCE

ZUTATEN FÜR 4 PERSONEN

Bratwürste

1 Handvoll Oliven ohne Kern
100 g Feta
Salz
Pfeffer
4 große Bratwürste
4 Scheiben Schinkenspeck
frische Kräuter zum Anrichten

Gemüse

½ Zwiebel
Öl zum Braten
1 rote Paprika
1 gelbe Paprika
1 grüne Paprika
1 Tomate
100 g zarte grüne Bohnen
100 g gegarter Mais
(Abtropfgewicht)
Salz
Pfeffer

Sauce

1 Zwiebel
1 Knoblauchzehe
Öl zum Anschwitzen
6 Tomaten
Salz
Pfeffer
Oregano

ZUBEREITUNG

— Für die Sauce Zwiebel kleinschneiden, Knoblauch hacken. Zusammen in einer Pfanne in Öl glasig anschwitzen. Tomaten kleinschneiden, mit dem Pürierstab fein pürieren und dazugeben. Salzen, pfeffern und mit Oregano würzen. Ca. 20 Minuten offen köcheln lassen. Warm stellen.

— Während die Sauce kocht, für das Gemüse Zwiebel hacken, Gemüse kleinschneiden. Zwiebel in Öl anbraten, Tomate unterheben, Bohnen und Paprika dazugeben. Falls nötig, etwas Wasser zugeben. Wenn das Gemüse fast gar ist, Mais dazugeben und das Gemüse noch einmal für 10–15 Minuten ziehen lassen. Mit Salz und Pfeffer würzen. Ggf. warm stellen.

— Für die Würstchenfüllung währenddessen Oliven und Feta hacken. Vermengen, mit Salz und Pfeffer abschmecken. Die Würste der Länge nach aufschneiden, sodass sie befüllt werden können. Gleichmäßig mit der Tomaten-Feta-Oliven-Mischung füllen und leicht zusammendrücken.

— Würste mit Schinkenspeck umwickeln. In einer Pfanne braten oder im vorgeheizten Backofen grillen, bis der Schinkenspeck knusprig ist. Mit Sauce und Pfannengemüse servieren, mit frischen Kräutern garnieren.

CHRONO TIPP

» Kombiniert mit Kartoffel-Wedges ein leckeres Mittagessen! «

» Füge Jahre dem Leben, aber auch Leben den Jahren hinzu «

WEITERFÜHRENDE LITERATUR (AUSWAHL)

- **Arble, D.M. et al.:**
  Best Pract Res Clin Endodrinol Metab
  2010 Oct, 24 (5): 785–800
  Circadian Disruption and Metabolic Disease:
  Findings from Animal Models

- **Fauteck, J.D. und Kusztrich I.:**
  Leben mit der inneren Uhr:
  Wie die Chronobiologie unsere Gesundheit,
  Wirtschaft und Gesellschaft beeinflusst,
  Econ Verlag, 2006

- **Fauteck J.D. und Kusztrich I.:**
  Das Phytamin Prinzip:
  besser länger leben mit Phytostoffen und Hormonen,
  Brandstätter Verlag, 2014

- **Funfack, W.:**
  Das Stoffwechselprogramm,
  Südwest Verlag, 2011

- **Hardeland, R.:**
  Chronobiology of Melatonin
  beyond the Feedback to the Suprachiasmatic Nucleus –
  Consequences to Melatonin Dysfunction
  Int J Mol Sci. 2013 March; 14(3): 5817–5841

- **Pape, D.:**
  Schlank im Schlaf,
  Gräfe und Unzer Verlag, 2007

- **Von Schacky, C.:**
  Hirnstruktur und Hirnfunktion:
  Rolle der Omega-3-Fettsäuren.
  Z. Orthomol Med 2014; 1:20–4

- **Von Schacky, C.:**
  Omega-3-Fettsäuren im Sport. Vitalstoffe,
  in Druck.

- **Schmidt E. und N.:**
  Leitfaden Mikronährstoffe,
  Urban & Fischer Verlag/Elsevier, 2004

THOMAS M. PLATZER

Der Präventionsmediziner studierte Human- und Sportmedizin an der TU München und erlangte die Approbation als Arzt durch die Regierung von Oberbayern. Anerkennung durch die Ärztekammer Siena (Toskana) als Doktor der Medizin, Allgemeinmediziner und Chirurg. Niedergelassener Privatarzt in Fachpraxis für Prävention, endokrine sowie neuroendokrine, metabolische Störungen, Burnout und genetische Polymorphismen. Gründer und wissenschaftlicher Leiter der Seminar-Akademie „MEDexclusive.de Institut für Gesundheitsprävention, Ernährungsmedizin und Ästhetik", wissenschaftlicher Beirat und Referent der Präventions- und Anti-Aging-Fachgesellschaft GSAAM e.V., Mitglied und Referent der Akademie für Gesundheitsförderung und Prävention (AGeP e.V.). Sein wissenschaftlicher Schwerpunkt gilt seit über zehn Jahren dem metabolischen Syndrom, er ist Entwickler von weltweit anerkannten Vital-Aging-Programmen.

JAN-DIRK FAUTECK

Der Chronobiologe promovierte an der Universität Mailand zum Doktor der Medizin und erforscht seit eineinhalb Jahrzehnten die Rolle der inneren Uhren im menschlichen Organismus.
Er ist Gründungsmitglied und wissenschaftlicher Leiter der Fortbildungsakademie für präventionsmedizinisch interessierte Ärzte ea3m, European Academy of Preventive and Anti-Aging Medicine und Mitglied der wegweisenden Anti-Aging-Ärzte-Gesellschaft European Society of Anti-Aging Medicine (ESAAM).

IMPRESSUM

Bibliografische Information der Deutschen Nationalbibliothek
Die Deutsche Nationalbibliothek verzeichnet diese Publikation in der Deutschen Nationalbibliografie; detaillierte bibliografische Daten sind im Internet über http://dnb.d-nb.de abrufbar.

1. Auflage

- Texte: Jan-Dirk Fauteck, Thomas M. Platzer
- Redaktion: Tina Ganser
- Lektorat: Else Rieger
- Grafische Gestaltung: Sabine Kunzmann
- Fotografie: Eisenhut & Mayer
- Kochen & Foodstyling: Alexander Höss-Knakal
- Projektleitung Brandstätter Verlag: Stefanie Neuhart
- Druck: Grasl Fair Print, Bad Vöslau, www.grasl.eu
- Bildnachweis:
  Seite 6, 14, 17, 22, 36, 172: Shutterstock
  Seite 32, 44, 48, 53, 57, 58, 74, 82, 85, 88, 93, 97: Stockfood/Jörg Lehmann

ISBN 978-3-85033-988-9

Christian Brandstätter Verlag
GmbH & Co KG
A-1080 Wien, Wickenburggasse 26
Telefon (+43-1) 512 15 43-0
Telefax (+43-1) 512 15 43-231
E-Mail: info@brandstaetterverlag.com
www.brandstaetterverlag.com

Designed and printed in Austria

Für unsere Umwelt
Klimaneutrale Produktion
Erneuerbare Energie
Nachhaltiges Papier
Pflanzenölfarben

Dieses Produkt entspricht dem Österreichischen Umweltzeichen
für schadstoffarme Druckprodukte (UZ 24), UW-Nr. 715
Grasl FairPrint, Bad Vöslau, www.grasl.eu